L'atelier

MANGA 漫画

NINJA & SAMOURAI

Par Hidefumi Okuma

fleurus manga

Illustrations :	HIDEFUMI OKUMA
Graphisme :	KEN SASAHARA
Couverture :	ALAN WAN
Traduction :	FAIZI PARKES
Édition anglaise :	NEIL GARSCADDEN
Rédacteur :	TRISHA KUNIMOTO
Maquette :	GEN ISHO, INC.
Éditeur :	HIKARU SASAHARA
Relations avec le Japon :	JOHN WHALEN
Imprimeur :	FRED LUI

Titre original en langue anglaise :
Let's draw manga – Ninja & Samurai

Traduction, adaptation française et suivi éditorial :

CASSI EDITION

Claire Deslandes, Muriel Giraud,
Aline Flechel, Irène Lassus

Dépôt légal : avril 2006
1re édition. N° d'édition : 93763
ISBN 10 : 2-215-07865-0
ISBN 13 : 978-2-215-07865-4
Imprimé en Italie par Stige

Sommaire

Pourquoi ce livre ?

Personnages traditionnels de l'histoire du Japon, le ninja et le samouraï possèdent des qualités graphiques uniques. Les documents d'archives révèlent des lignes et des formes simples, énergiques, repérables. Cet ouvrage, fidèle à la réalité historique, incorpore largement les caractéristiques du dessin populaire actuel. Afin d'aider à la compréhension, les personnages difficiles à dessiner sont représentés sous différents angles et la méthode progressive permet à chacun de les saisir dans leur vérité, quel que soit le niveau de compétences. La réalisation de cet ouvrage nous a fait prendre conscience de la richesse du monde des ninjas et des samouraïs : leur dynamisme, leur force se manifestent également dans leurs idéaux et leur style de vie. La télévision, le cinéma et les bandes dessinées ont suscité dans le monde entier un intérêt certain pour les ninjas et les samouraïs, témoignant ainsi de l'attrait qu'exercent les figures de l'histoire japonaise. Un seul ouvrage ne peut couvrir le sujet de façon aussi exhaustive que nous le souhaiterions... N'hésitez pas à feuilleter d'autres ouvrages sur le sujet pour vous donner de nouvelles idées. Nous espérons aussi vous aider à améliorer vos talents de dessinateur.

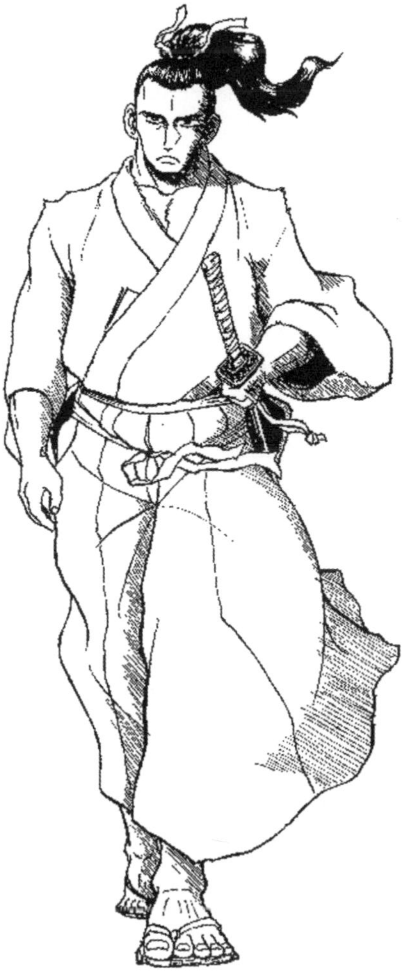

侍

Chapitre 1
Dessiner les samouraïs

Dessiner les samouraïs

Le costume

Le *hakama* ressemble à une jupe à plis, mais il est fendu au milieu, comme un pantalon.

Le samouraï porte ou ne porte pas de *tabi* (chaussettes).

Samouraï en *tabi* et chaussé de sandales appelées *zori*.

Dessiner les samouraïs

Le costume

Ici le samouraï est vu sous différents angles. Son *obi* (ceinture) tient ses deux sabres : un long et un court. Il glisse ses sabres sous sa ceinture et les porte sur le côté gauche.

Dessiner les samouraïs
Le costume

Ce samouraï porte simplement un kimono sans *haori* (veste) ni *hakama* (pantalon long, fendu et très large).
On représente quelquefois le samouraï ainsi, en tenue non officielle.

Le costume de samouraï

Ce costume est souvent porté par les hors-la-loi. Ce personnage porte deux longs sabres.

En général, les hors-la-loi ne portent pas de *tabi*.

Dessiner les samouraïs

Dessiner le chignon

Le chignon : façon *chonmage*

Ici la tête et les cheveux du samouraï sont en gros plan. Le haut du front est complètement rasé dans un style appelé *sakayaki*.
Le reste des cheveux est long, noué sur le haut de la tête et rabattu sur le sommet du crâne.

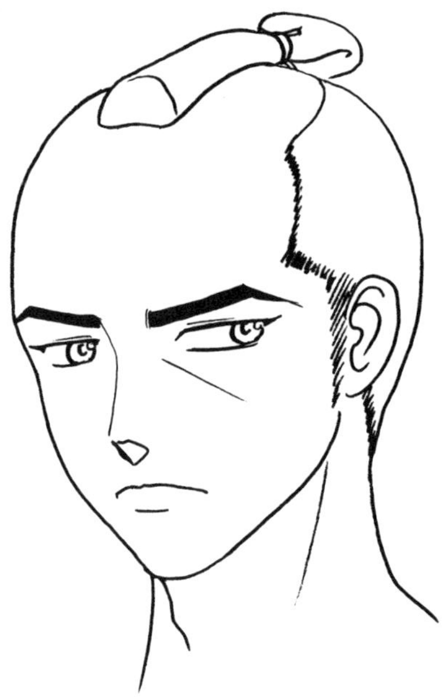

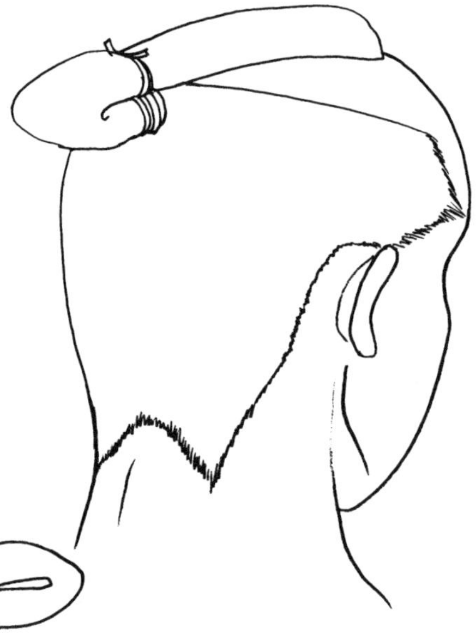

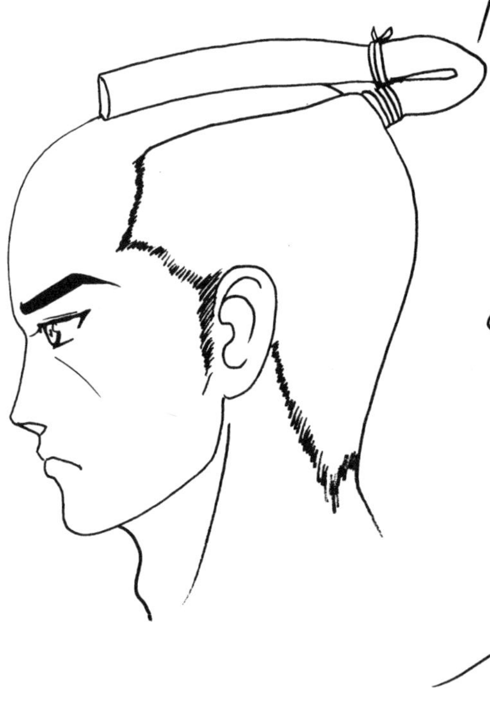

Dessiner le chignon

Le chignon : façon *chonmage*

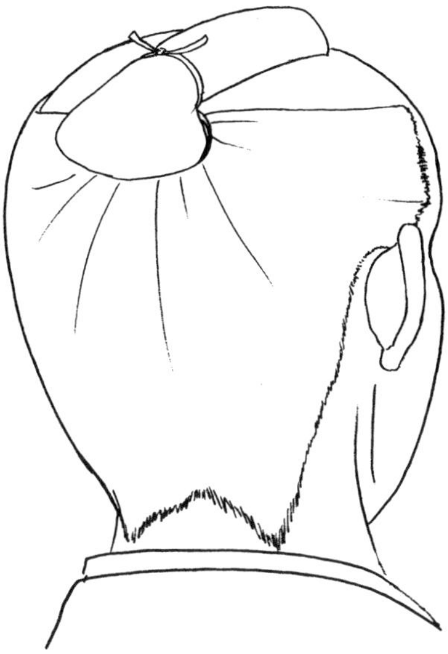

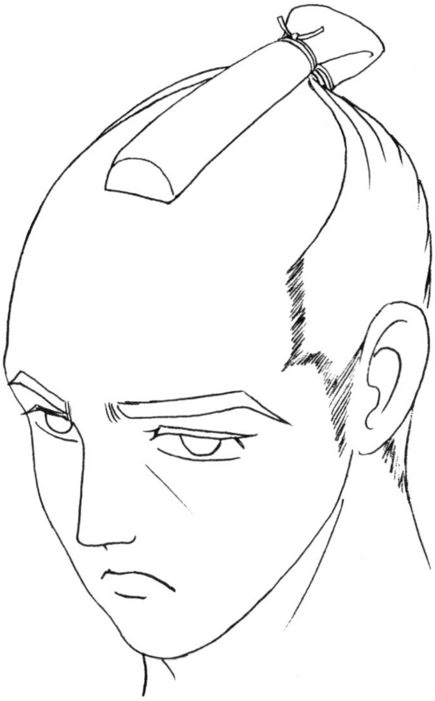

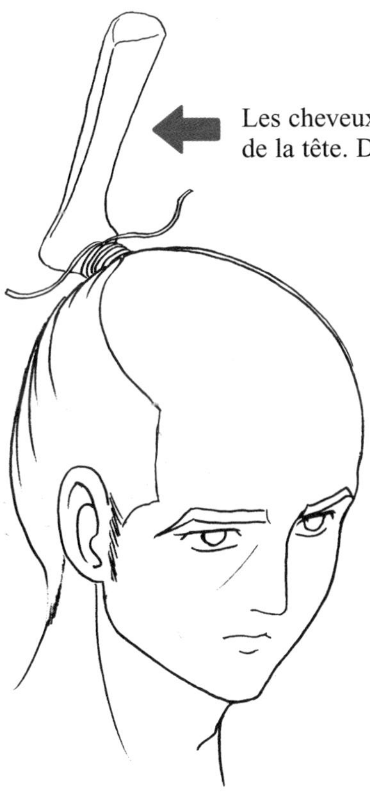

Les cheveux rassemblés et noués sont ramenés sur le sommet de la tête. Dénoué, le chignon retombe en arrière, comme ici.

Jusqu'à la puberté (entre 12 et 16 ans), la mèche du front n'est pas rasée.

Dessiner les samouraïs

Dessiner le chignon

Le chignon : façon *chonmage*

Ici le *chonmage* laisse les cheveux du sommet du crâne intacts. Souvent, après les avoir attachés, le samouraï laisse repousser ses cheveux de cette façon.

Dessiner le chignon

Différents styles de chignons

Les cheveux attachés sont la caractéristique du *chonmage*. Selon la longueur, l'ensemble des cheveux est tiré en arrière et attaché.

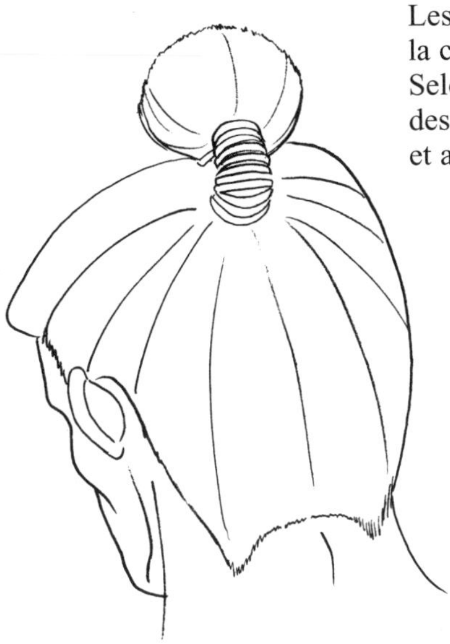

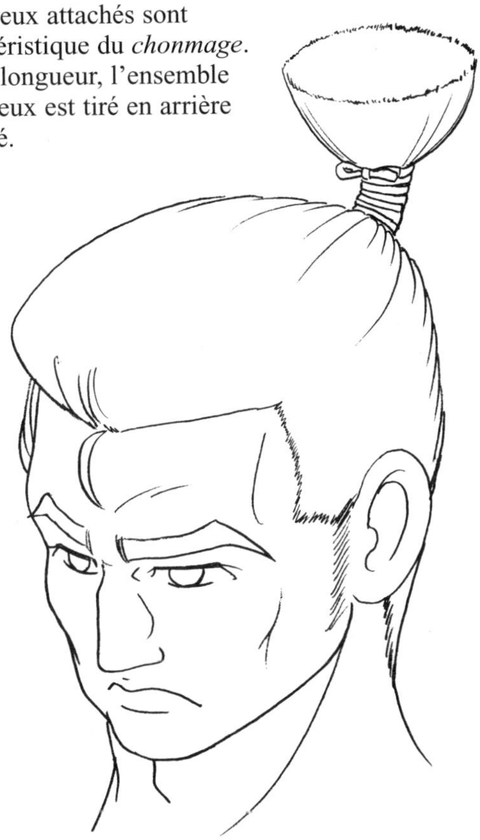

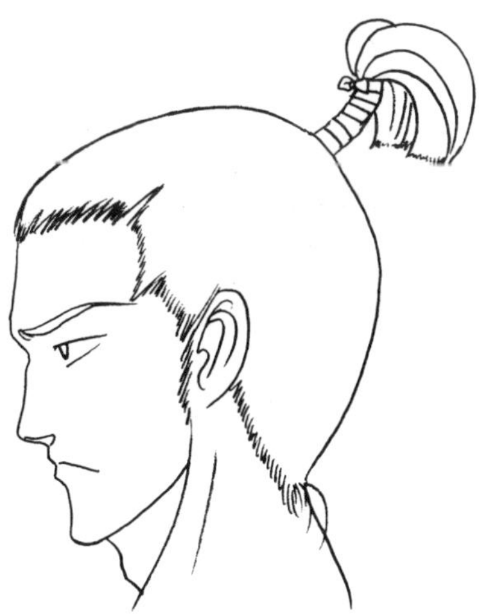

Dessiner les samouraïs

Tenue de combat

Au combat, les samouraïs portaient ce type d'armure pour se protéger. Ici nous voyons le *yoroi* (cuirasse) et le *kabuto* (casque).

L'armure vue sous différents angles.

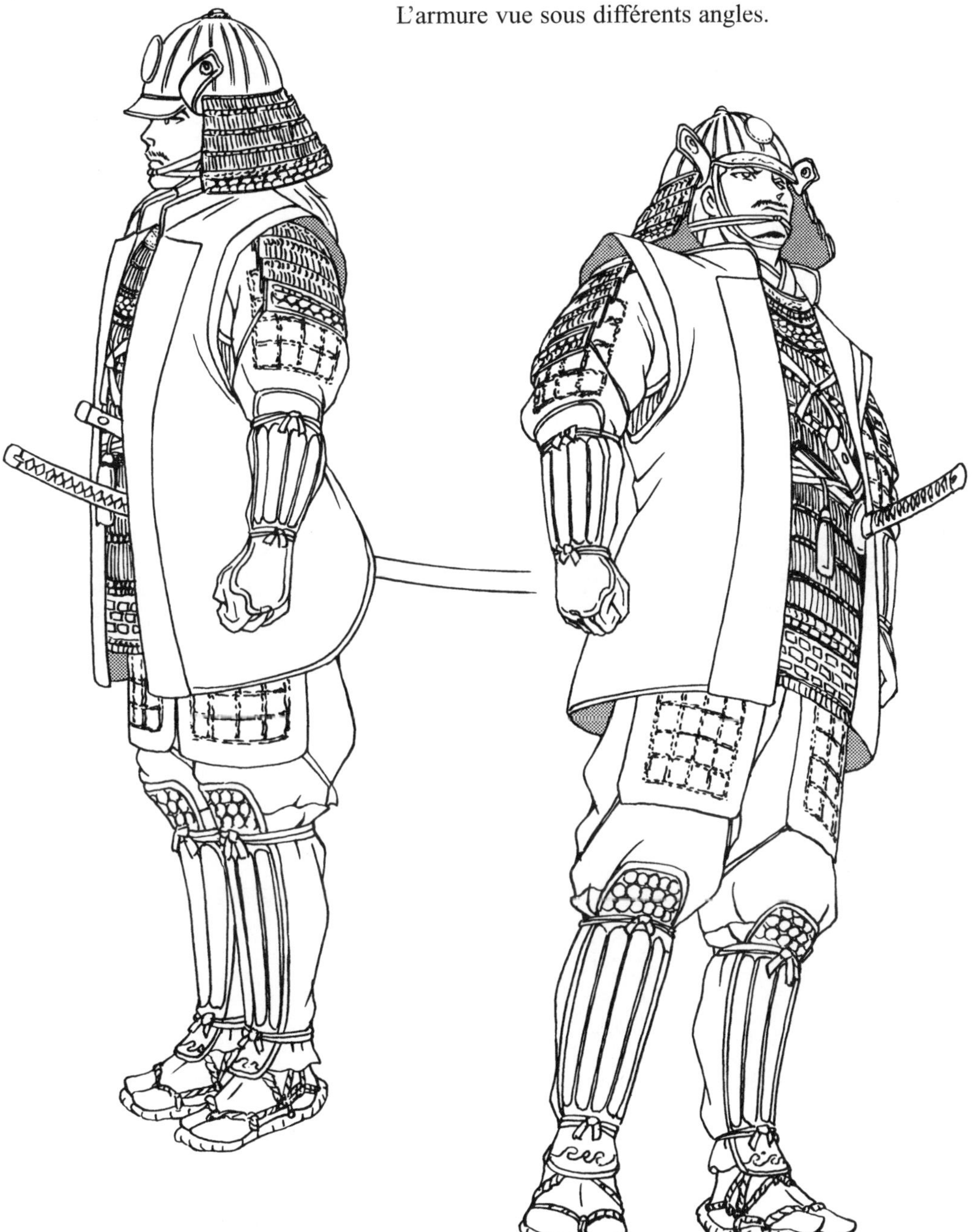

Dessiner les samouraïs
Tenue de combat

Cette armure est plus simple que celle de la page précédente. Plus l'équipement et l'armure sont réduits, plus le rang du samouraï est bas.

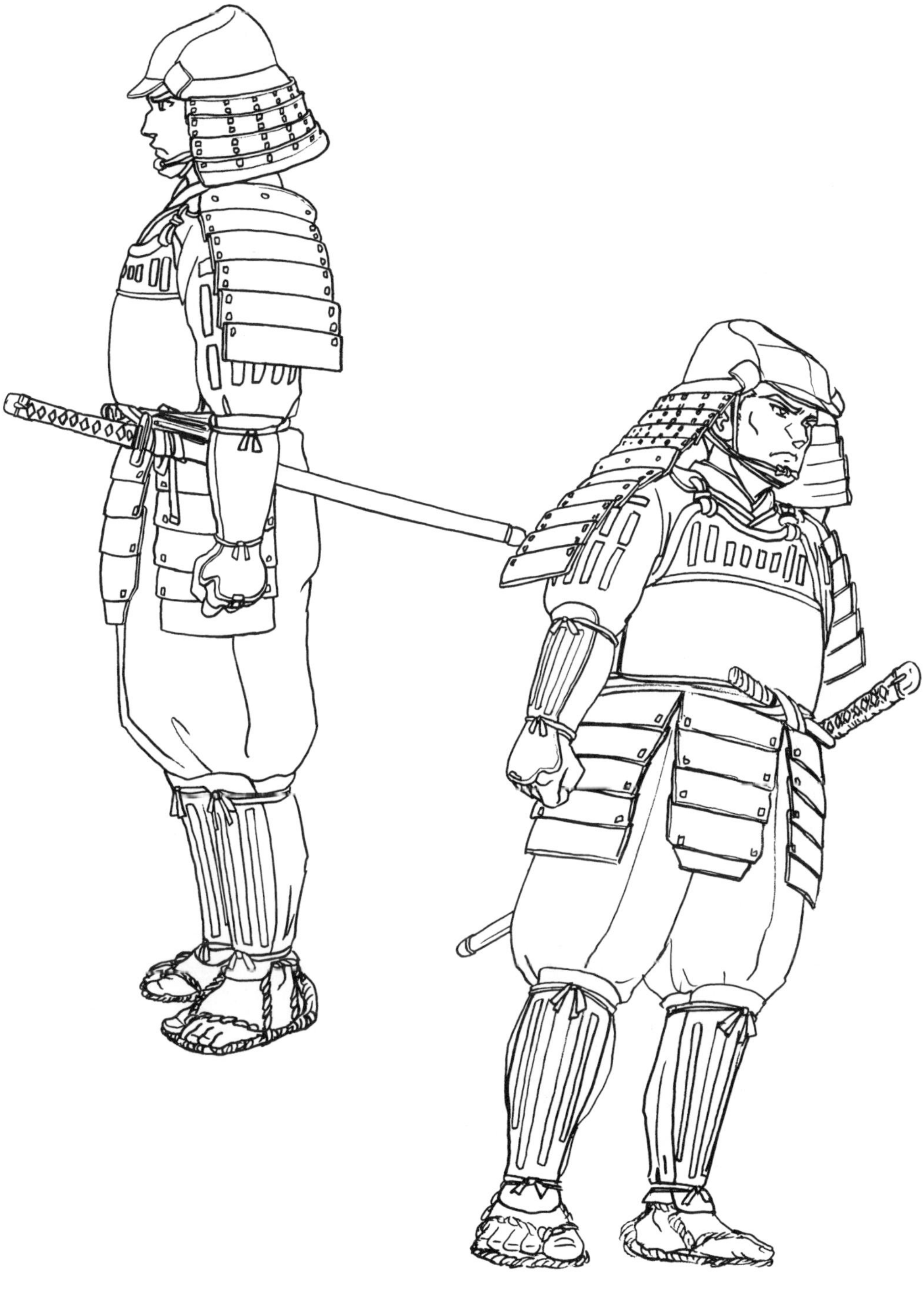

Dessiner les samouraïs

Tenue de combat

On distingue ici les détails du *kabuto* (casque). Le symbole (*date*) placé sur le front de ce casque représente la lune, mais il existe d'autres décors et motifs.

Dessiner les samouraïs

Tenue de combat

Nous avons représenté en détail un autre type de *kabuto*. On le fixe sur la tête à l'aide de ficelles passant sur le menton. Le couvre-nuque est toujours présent.

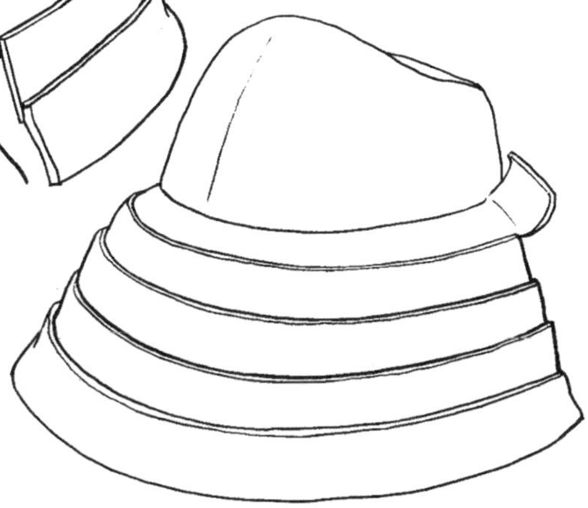

Dessiner les samouraïs

Détails de l'armure

Détails du casque

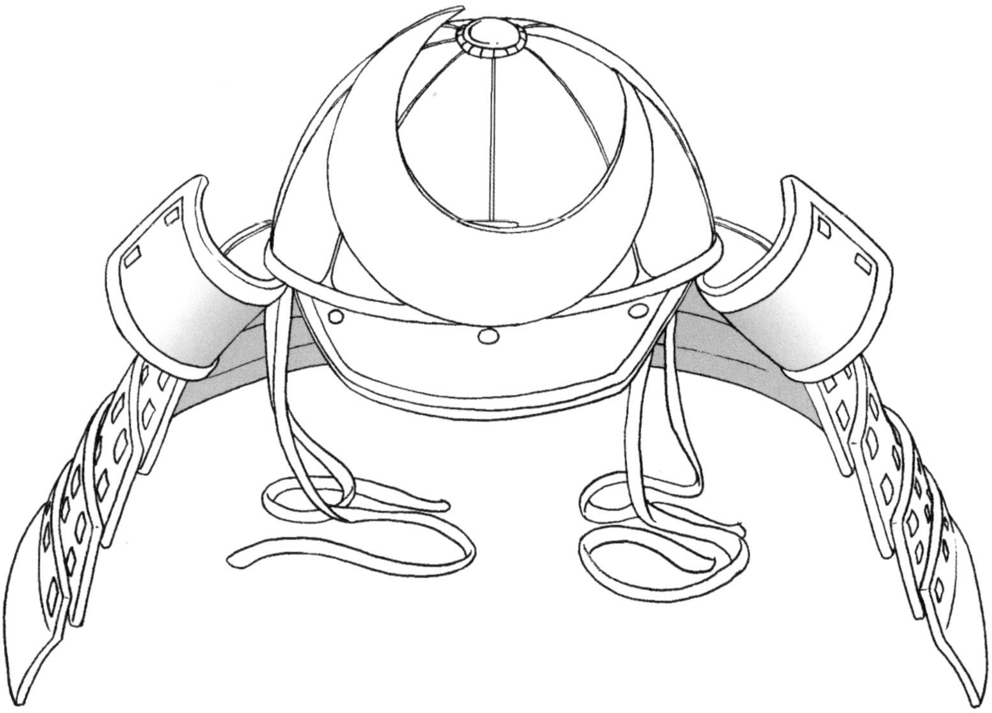

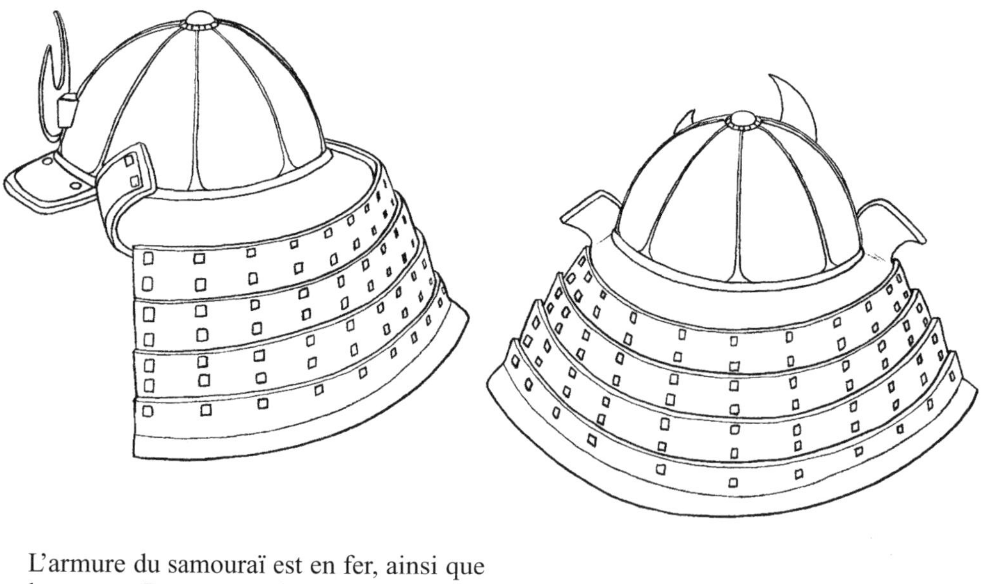

L'armure du samouraï est en fer, ainsi que le casque. Donnez une impression de lourdeur en suggérant la matière du métal.

Détails de l'armure

Pièces composant l'armure

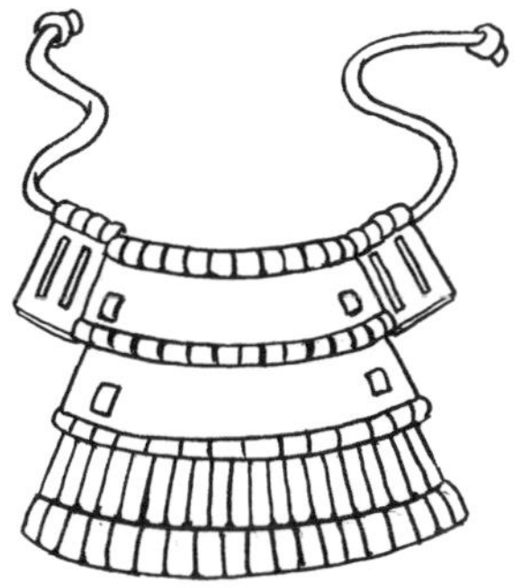

Protection formant un plastron.

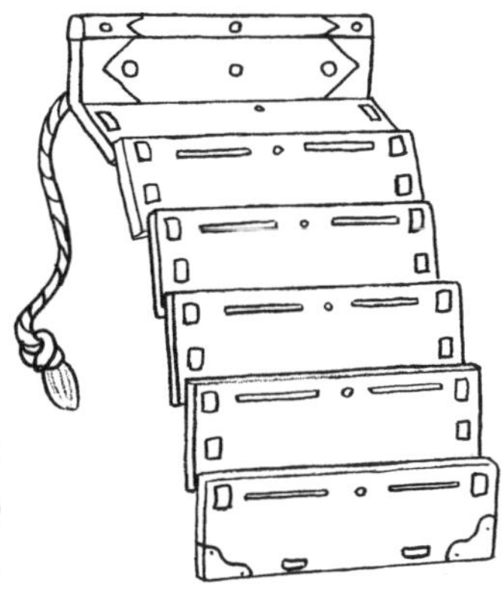

Protection des épaules.

La pièce couvrant le torse est entièrement en fer.

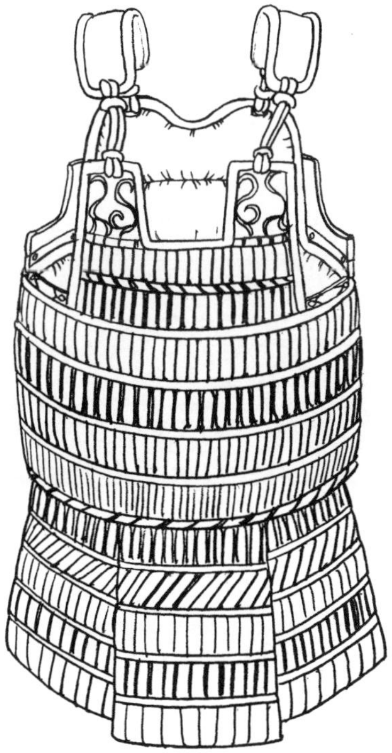

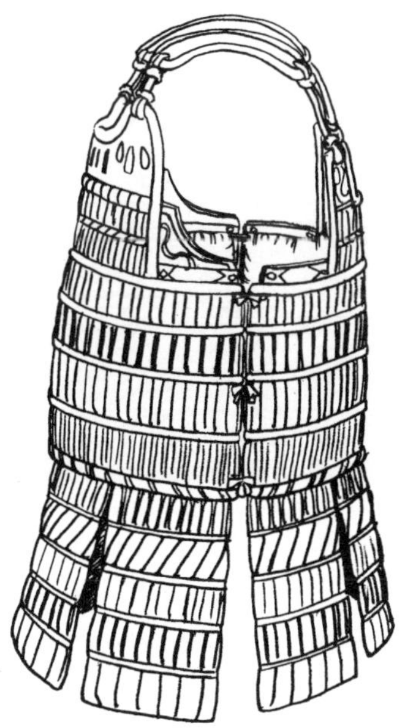

Dessiner les samouraïs

Dessiner un seigneur féodal

Le seigneur féodal

Le seigneur est au sommet
de la hiérarchie des samouraïs.
Pour rendre son expression, pensez
à un personnage digne, d'une certaine
corpulence et d'un certain âge.

Dessiner un seigneur féodal

Le seigneur féodal

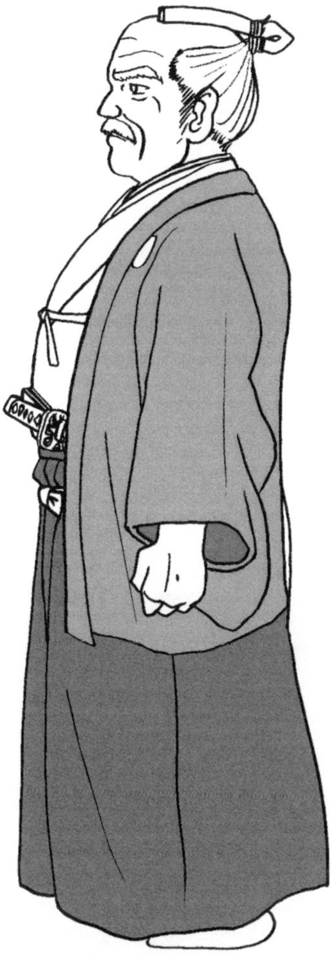

Sur son kimono, il porte le *haori*.
Il est légèrement plus long que la normale pour dégager une impression de lourdeur, de pesanteur (plus court, on perdrait cet effet).

Le seigneur porte souvent un *wakizashi* (sabre court).
Il l'utilise cependant rarement, car il a ses propres gardes du corps.

Dessiner les samouraïs

Dessiner un seigneur féodal

Lorsque le seigneur apparaît en public, il prend en général cette pose.

Cette posture, le dos bien droit, accentue la dignité du personnage. Dans votre dessin, pensez à dégager une impression d'importance.

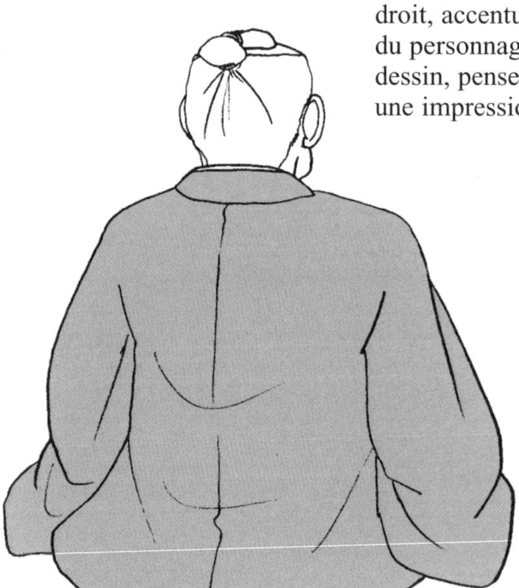

Dessiner les samouraïs

Dessiner un seigneur féodal

Les rides sous l'œil et sur le menton donnent au visage une apparence sévère et un caractère plus réaliste au personnage.

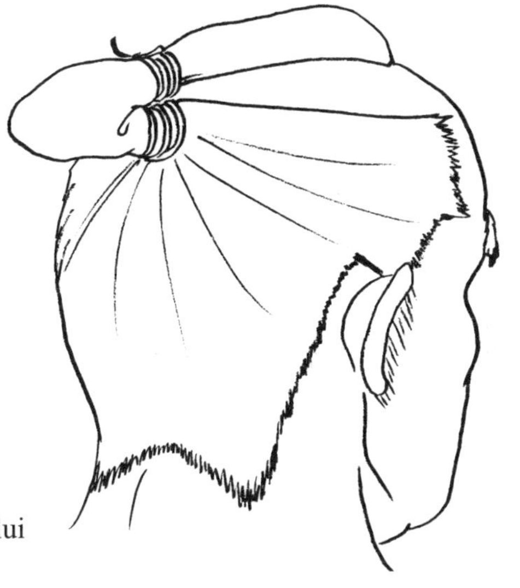

Le chignon du seigneur est semblable à celui de tous les samouraïs. Il est souvent peint en gris ou en blanc.

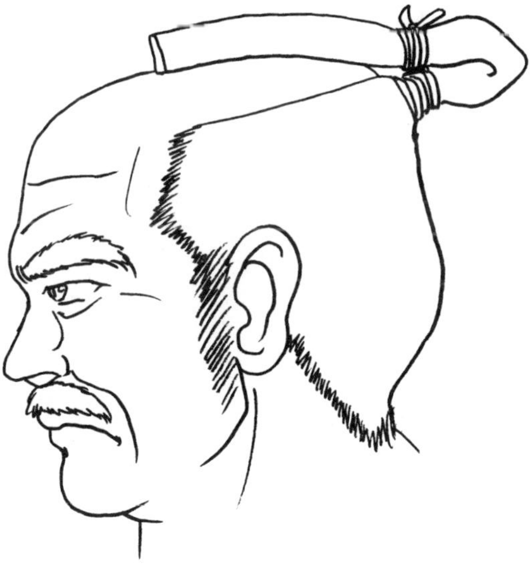

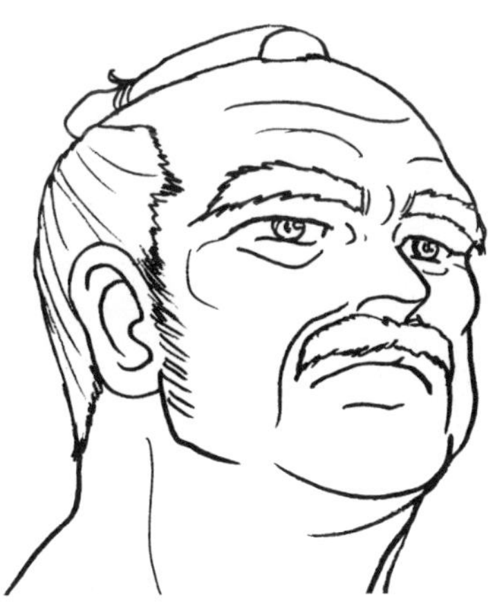

Dessiner les samouraïs

Dessiner un seigneur féodal

Le regard du seigneur est impérieux, il regarde vers le bas (ci-dessous, à gauche). Le regard par en dessous (à droite) est à proscrire car il donne un air cruel et sournois qui ne convient pas à la dignité du personnage.

Ci-dessous, vous trouverez quelques pièges à éviter lorsque vous dessinez un seigneur.

Son expression varie peu : en général, il est imperturbable.

Le seigneur féodal a un port militaire : il tient ses épaules en arrière et elles ne sont jamais avachies.

Petits détails

Insistez sur certains détails

Quatre exemples de chaussures.

Waraji
(sandales en paille)
Ces chaussures sont en paille tressée. Elles sont attachées à la cheville à l'aide d'une ficelle.

***Zori* (sandales)**
Les semelles sont en paille et en écorce de bambou. Une lanière passe entre le gros orteil et les autres doigts de pied.

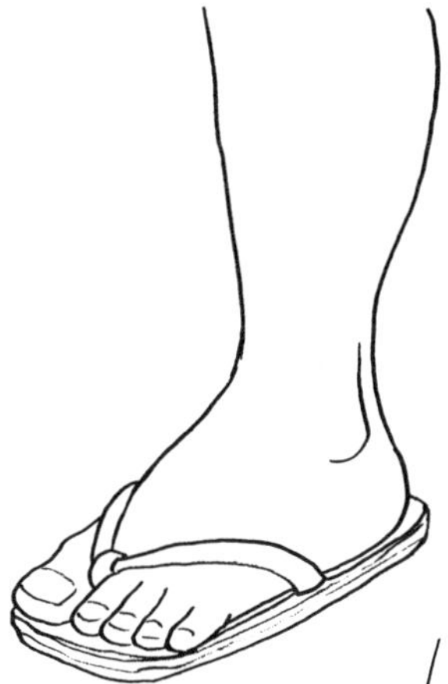

***Geta* (sandales en bois)**
La semelle en bois est montée sur deux taquets, de bois également. Une lanière en tissu passe entre le gros orteil et les autres doigts de pied.

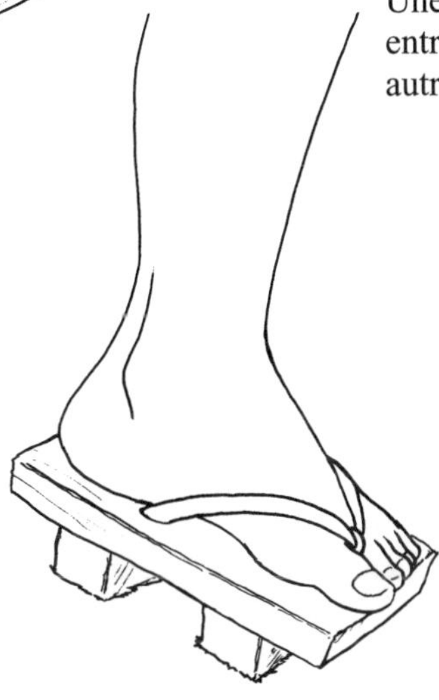

***Tabi* (chaussettes)**
On les porte avec les sandales et les sandales en bois.

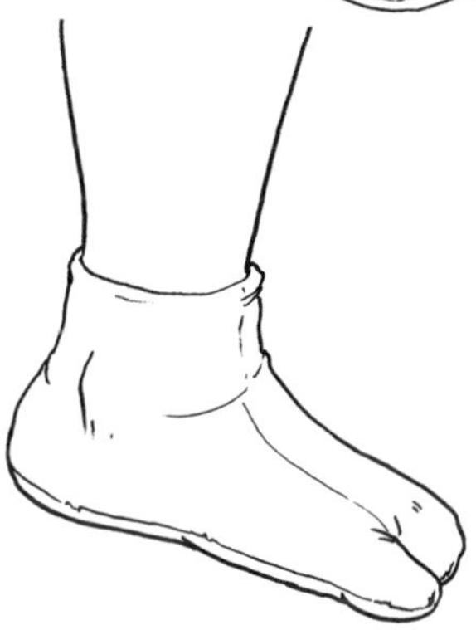

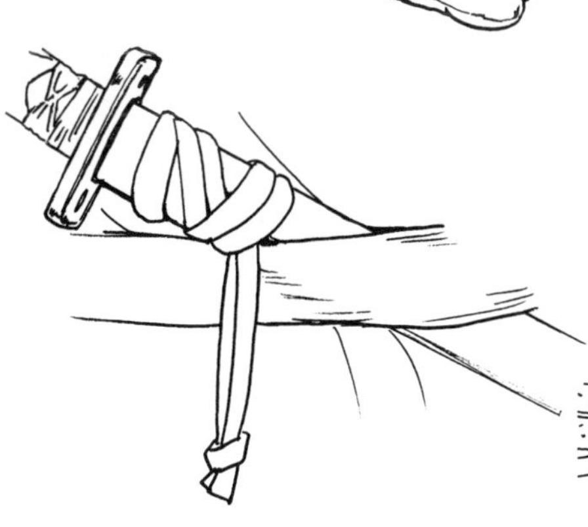

Détail d'un sabre glissé dans la ceinture. Il est maintenu à l'aide d'un ruban ou d'une ficelle formant un nœud.

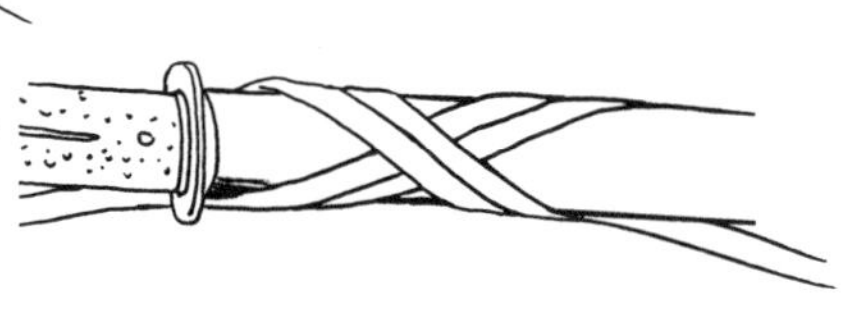

Dessiner les samouraïs

Petits détails

Insistez sur certains détails

Observez le nœud lorsqu'il est fermé à l'avant.

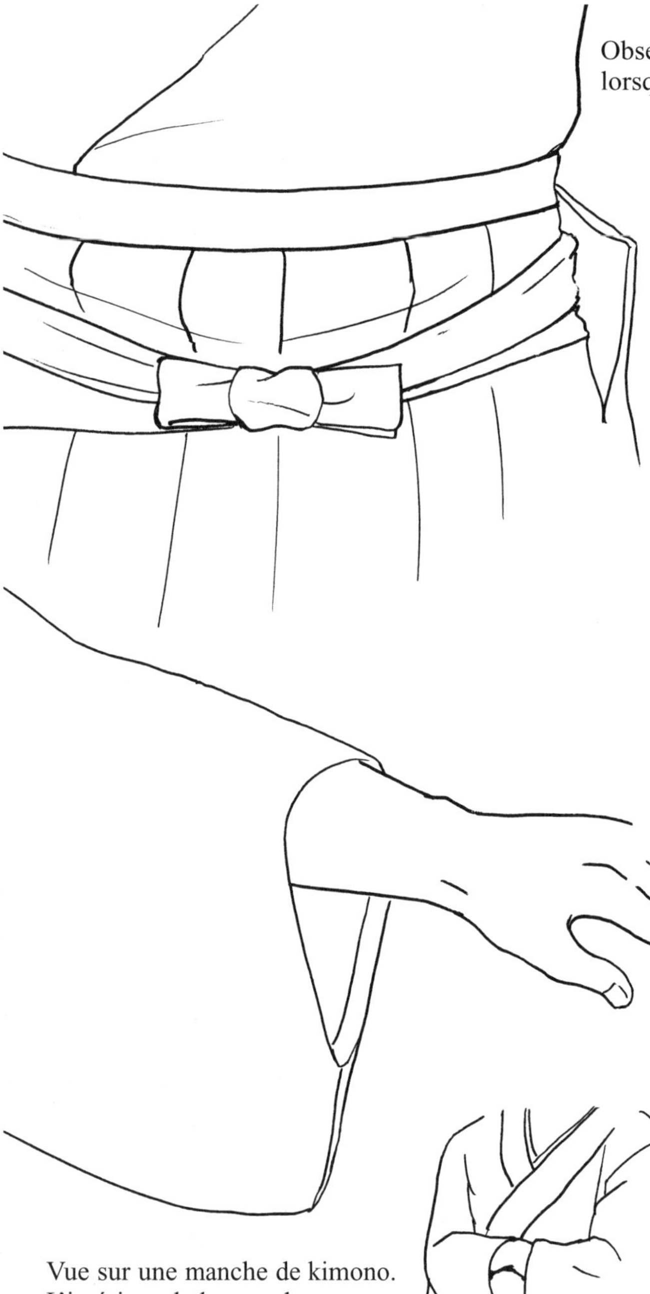

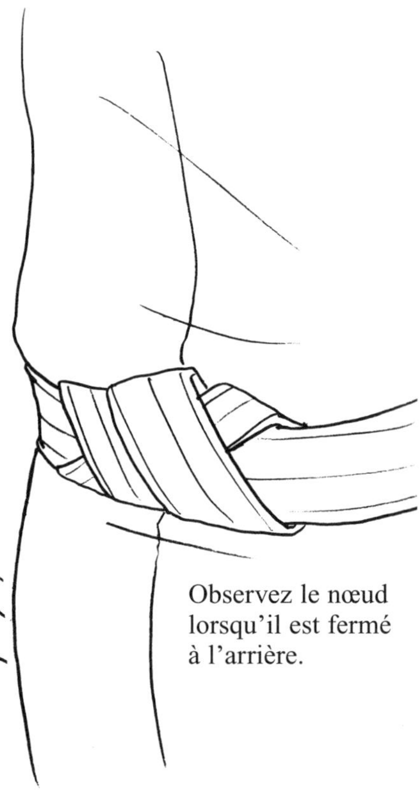

Observez le nœud lorsqu'il est fermé à l'arrière.

Vue sur une manche de kimono. L'intérieur de la manche dissimule en général une poche pouvant contenir un peu d'argent et de menus objets.

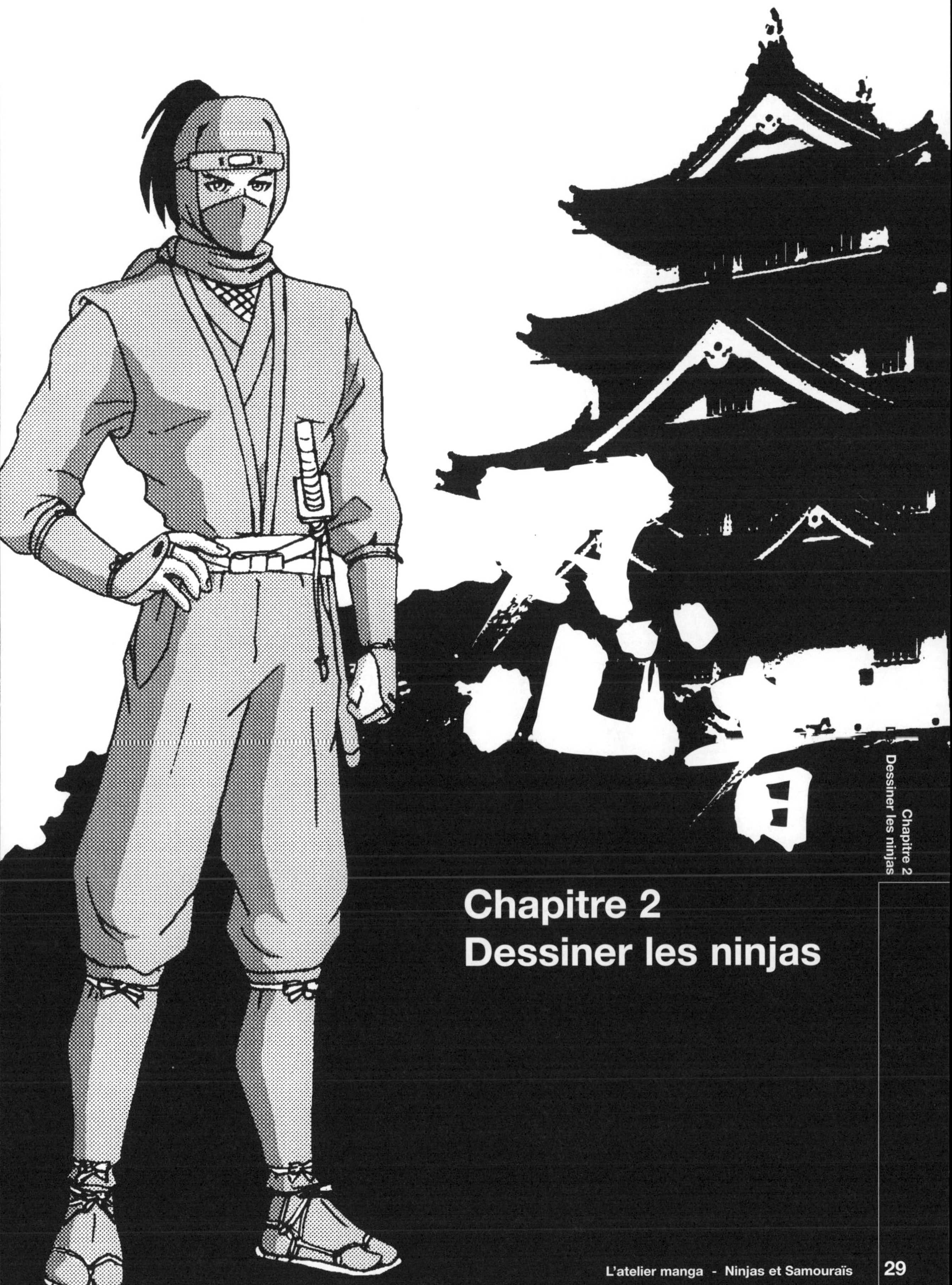

Chapitre 2
Dessiner les ninjas

Chapitre 2
Dessiner les ninjas

Dessiner les ninjas

La tenue du ninja

Ninja mince

Voici un exemple de tenue ninja traditionnelle. Ici, le ninja est mince et élancé. Il est assez facile à dessiner, les lignes sont souples et naturelles.

La tenue du ninja

Ninja mince

À gauche : posture d'un ninja sur le point de jeter un sort. Les paumes sont appuyées l'une contre l'autre, l'index et le majeur sont dressés. Sous son masque, il chante une mélopée.

Dessiner les ninjas

La tenue du ninja

Ninja au corps plus lourd, plus musclé

Ce ninja porte des vêtements différents, contrastant avec ceux du ninja élancé des pages précédentes. Les tenues des ninjas varient énormément : ils ne possèdent pas de costume typique.

Ninja musclé

Dessiner les ninjas
Gros plans du visage

Le couvre-chef des ninjas ressemble à une cagoule. Appelé *fukumen*, il est formé d'une seule pièce de tissu enroulée autour de la tête et du visage. Il est destiné à dissimuler l'identité du porteur plutôt qu'à le protéger.

Dessiner les ninjas
Gros plans du visage

Ici, le ninja porte un casque plus solide et plus protecteur. Cette sorte de casque se porte au cours des combats.

Dessiner les ninjas

Gros plans du visage

Ici, le ninja est tête nue. Ainsi, il ressemble à n'importe qui, mais sa coiffure est différente de celle du samouraï : en effet, il ne porte pas de chignon.

Les cheveux ébouriffés, dressés dans tous les sens, donnent un air naturel, un peu sauvage.

Les ninjas s'attachent souvent les cheveux de cette façon.

En général, le visage du ninja n'exprime pas la peur.

Les accessoires

Détails des accessoires

Comme le samouraï, le ninja porte une épée, glissée dans sa ceinture.

Tekko (protection du bras et du poignet).

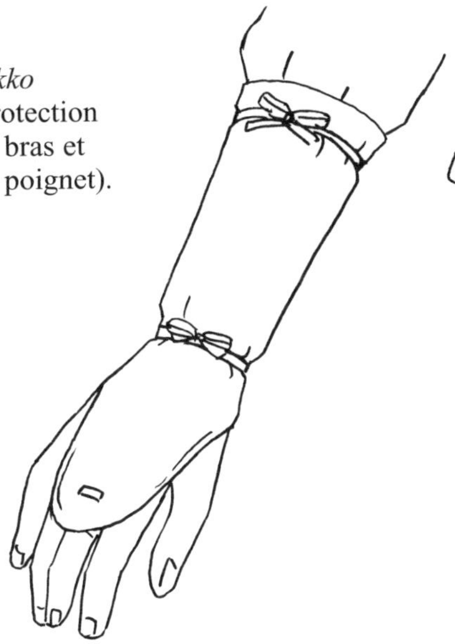

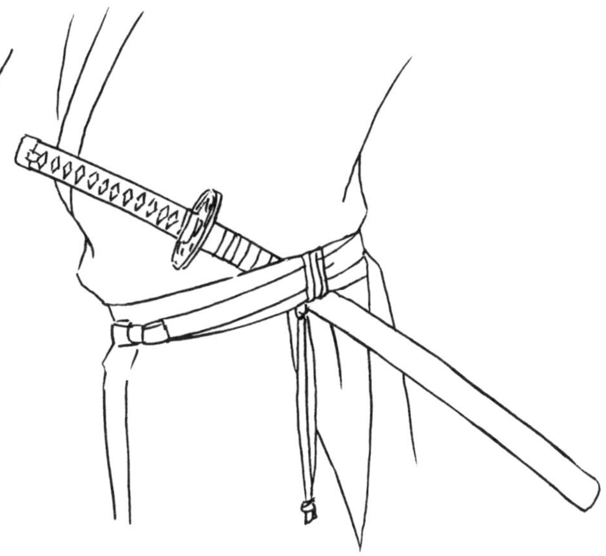

Position de l'épée.

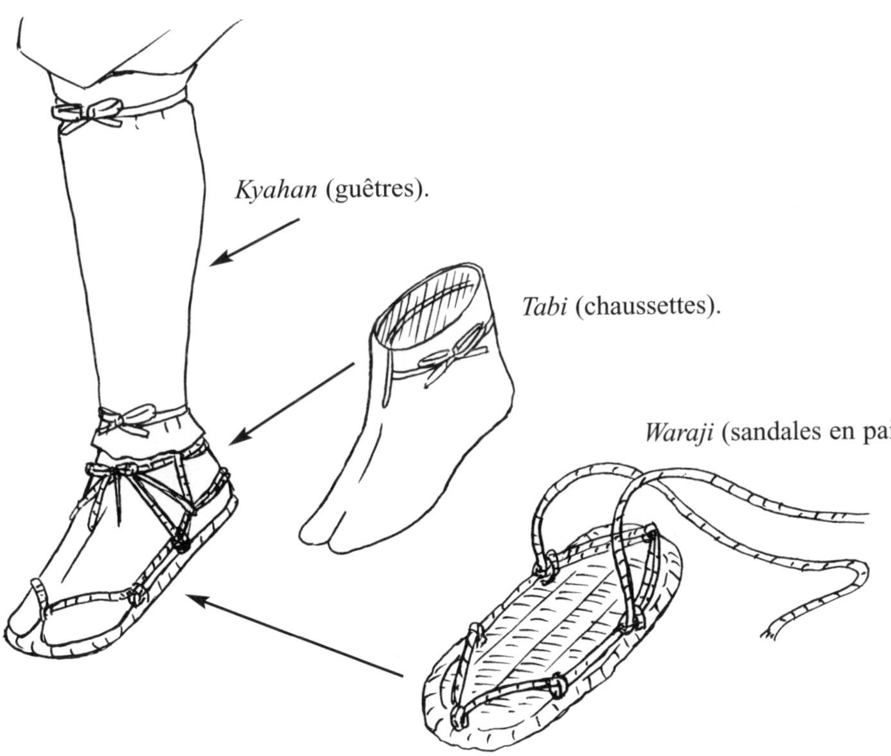

Kyahan (guêtres).

Tabi (chaussettes).

Waraji (sandales en paille).

Dessiner les ninjas

Le ninja moderne

Une nouvelle génération de ninjas

Pour représenter les ninjas traditionnels, intéressez-vous à leur apparence générale, notamment à leur coiffure et à leurs vêtements. Le dessin ci-dessous pourrait être utilisé dans une histoire moderne, car le personnage porte une arme à feu.

Dessiner les ninjas
Le ninja moderne

Les ninjas modernes et leurs ennemis possèdent des armes bien plus puissantes que dans le passé. Le ninja ci-dessous porte des protections contre ces armes, notamment un gilet pare-balles.

Dessiner les ninjas

La femme ninja

Style courant

La femme ninja, la *kunoichi*, est une sorte de personnage candide, peut-être plus important visuellement que comme élément majeur de l'histoire. Dans les mangas, elle est toujours très séduisante.

De face.

De dos.

La femme ninja

Style courant

Grande et élancée, avec son style de coiffure bien particulier, sa jupe courte et son côté provocateur, cette ninja est extrêmement sexy.

Vue latérale.

Vue de biais.

Le gros nœud dans les cheveux est purement décoratif, mais le foulard couvrant la moitié du visage est destiné à dissimuler l'identité.

Dessiner les ninjas

La femme ninja

Type sexy

Ici la silhouette et les galbes du corps ont été accentués pour réprésenter une *kunoichi* « sexy ». Son look est bien plus érotique que celui de la ninja classique.

De face. De dos.

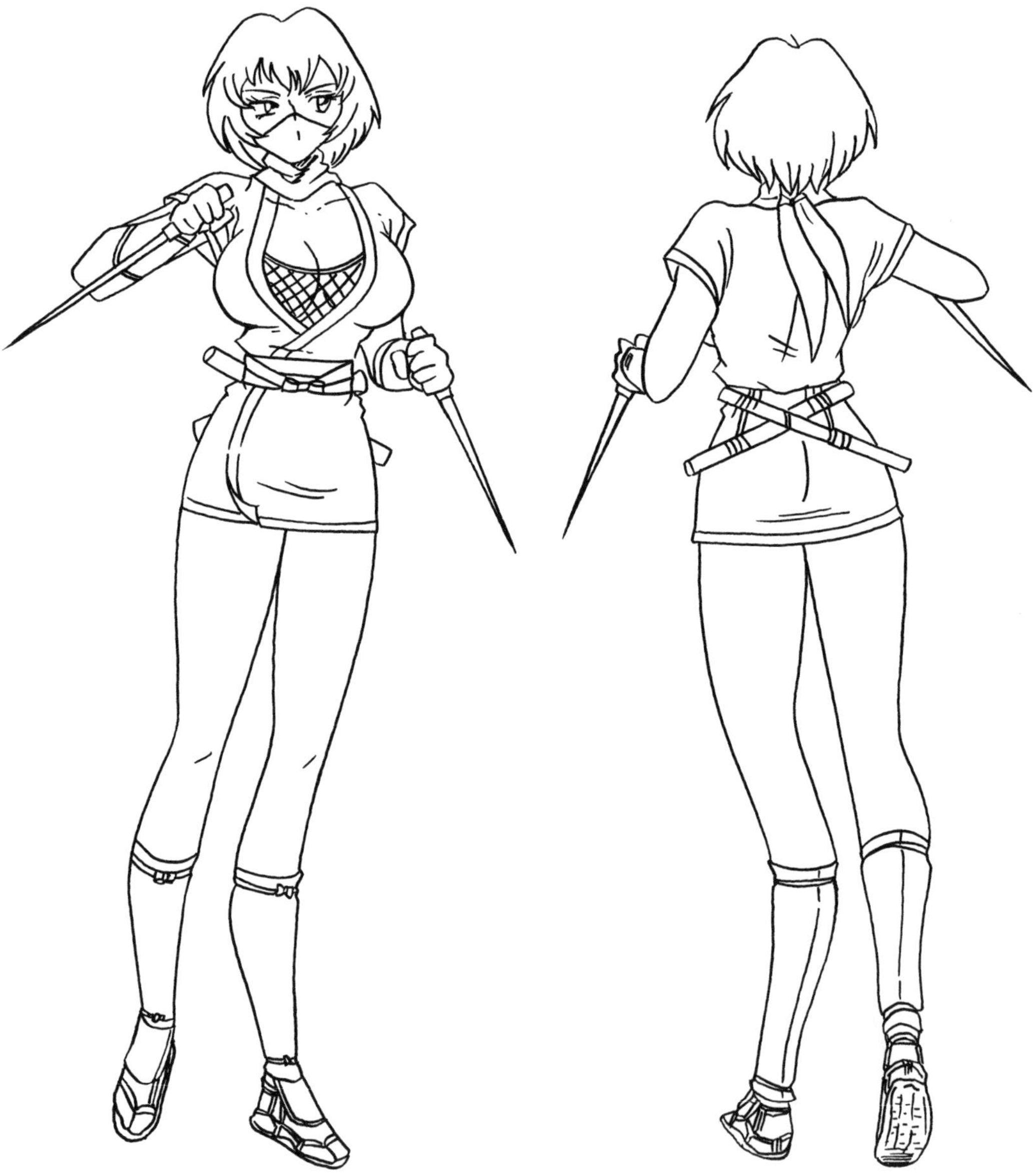

Type sexy

À la différence des *kunoichi* classiques, elle ne porte que deux petites épées.
Ces dernières se croisent dans le dos pour ne pas empêcher les mouvements rapides.

Vue latérale.

Vue de biais.

Dessiner les ninjas

Gros plans du visage d'une ninja

Gros plans du visage

Détails du visage sous différents angles.

Avec la cagoule, le look est totalement différent.

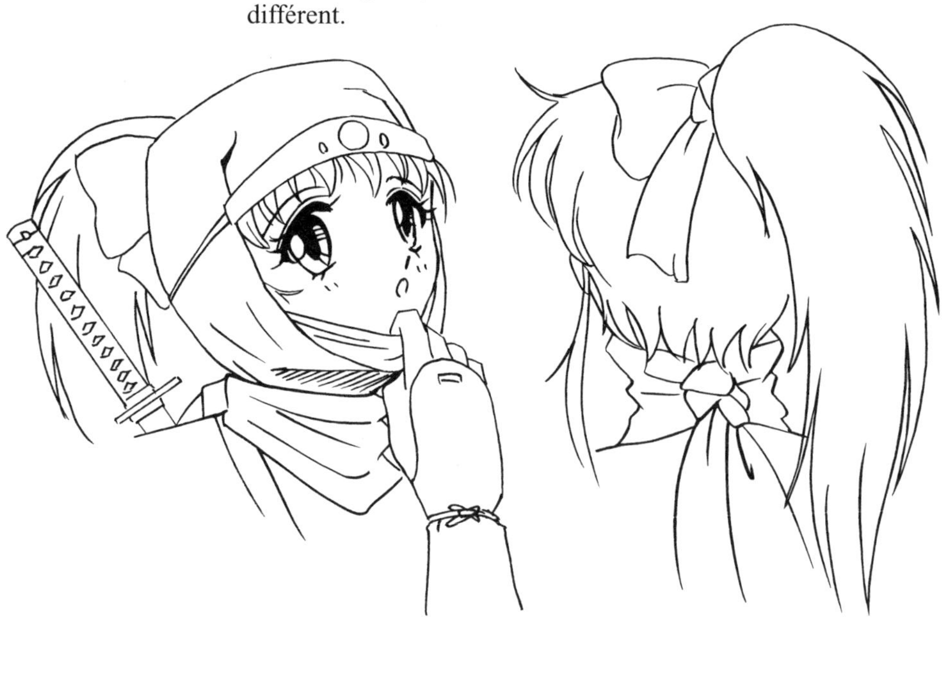

Gros plans du visage d'une ninja

Gros plans du visage

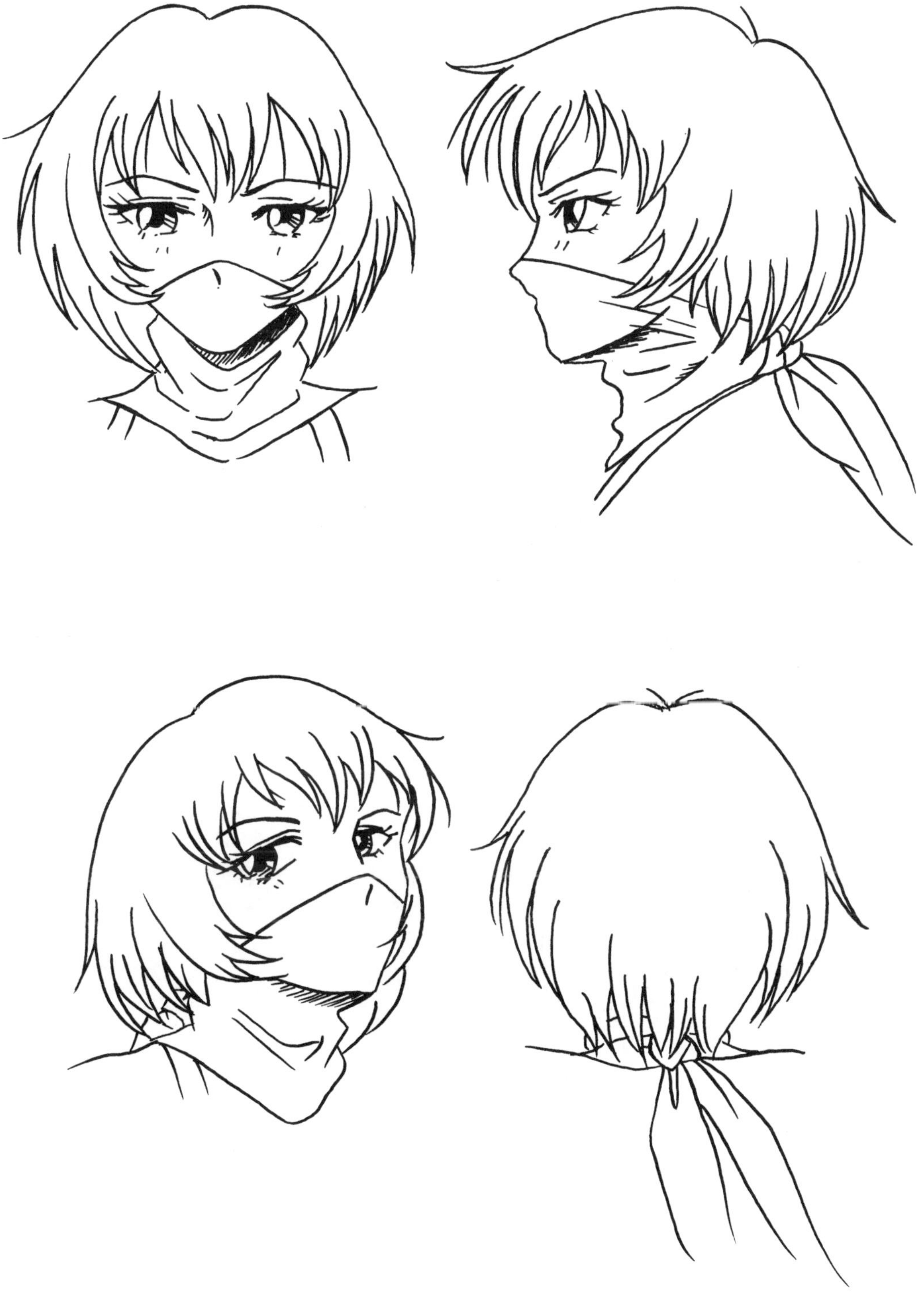

Dessiner les ninjas

Ninja « glamour »

Ninja « glamour »

La ninja étant destinée au combat, les petites manches courtes ne sont pas particulièrement adaptées. En revanche, elles permettent de dévoiler une petite parcelle de peau.

Le tissu de mailles qui couvre la poitrine est un fin grillage de fils métalliques. À la manière d'un gilet pare-balles, il protège et facilite la mobilité. Sa transparence permet une vue plongeante sur la poitrine.

Dessiner les ninjas

Ninja « glamour »

Pour dessiner les ninjas « glamour », il est important de les représenter sous des angles qui révèlent leur *sex-appeal*. Les seins opulents seront plus avantageux vus de côté ou de façon plongeante. Le même principe s'applique aux cuisses.

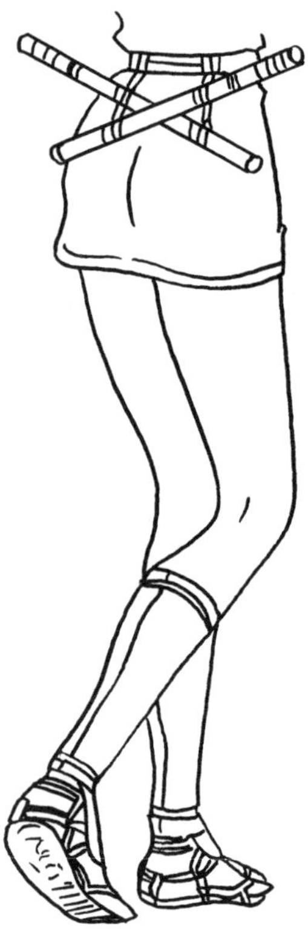

Chapitre 3
Samouraïs en action

Samouraïs en action

De la première esquisse à l'encrage

La marche

1. Ébauchez tout d'abord les grandes lignes de la silhouette, puis décidez d'une action conforme aux mouvements du corps.

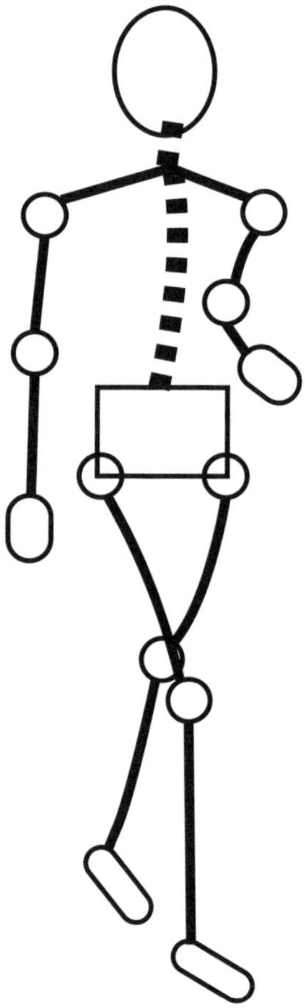

2. Donnez corps à la silhouette. À présent, la ligne du regard et la posture sont déterminées.

3. À cette étape, peaufinez les traits et recommencez jusqu'à satisfaction. L'expression du visage est en place.

Samouraïs en action

De la première esquisse à l'encrage

La marche

4. Gommez le crayonné et les lignes superflues. Essayez de rendre la souplesse du kimono en variant la pression exercée sur la plume.

5. Repassez à la plume et encrez les parties qui le requièrent. Complétez par un motif de tissu. Ajoutez quelques traits de blanc pour rehausser et mettre en valeur les plis du vêtement.

Samouraïs en action

De la première esquisse à l'encrage

La course Décidez de l'orientation du visage et des hanches.

1. Ébauchez le mouvement général du corps à l'aide de formes simples.

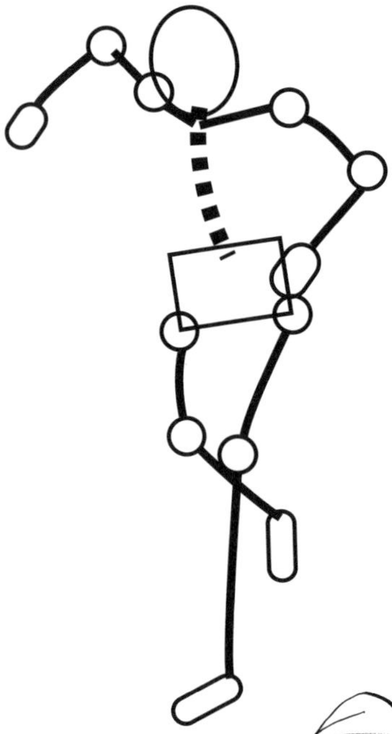

2. Placez les éléments principaux du corps et esquissez la silhouette grossièrement.

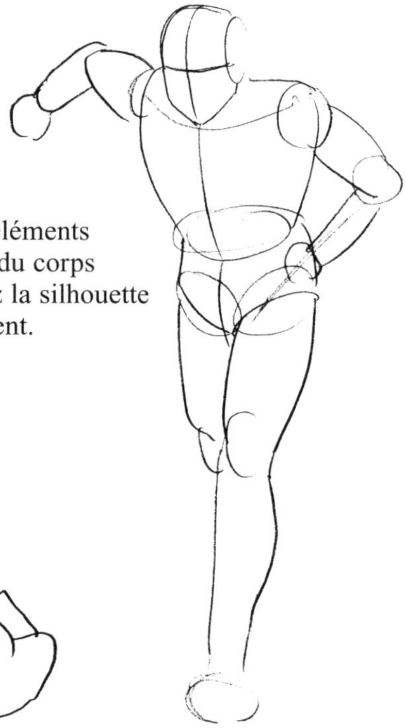

3. Le corps, son orientation et ses mouvements sont en place. Ajoutez l'expression du visage et les vêtements.

De la première esquisse à l'encrage

La course

4. Le dessin au crayon est à présent terminé. Repassez les traits à l'encre et gommez les éléments superflus.

5. Encrez les cheveux du personnage et suggérez les motifs de son costume par un jeu de trames.

Samouraïs en action

De la première esquisse à l'encrage

Position accroupie

Un personnage ayant un genou à terre est relativement difficile à dessiner. Commencez par ébaucher les grandes lignes pour dégager l'impression générale.

1. Décomposez le corps en segments.

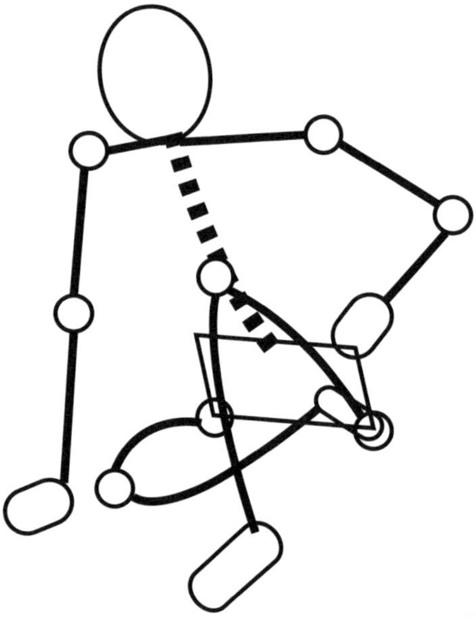

2. Posez les éléments principaux du corps et décidez de l'emplacement de la ligne des yeux.

En position accroupie, les vêtements font des plis et tombent, ce qui ajoute de la souplesse.

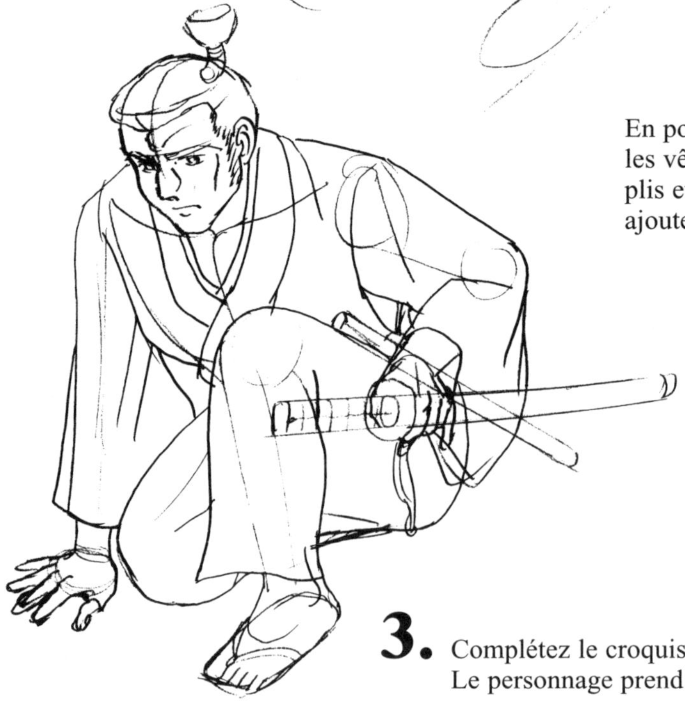

3. Complétez le croquis par des détails. Le personnage prend de l'épaisseur.

Position accroupie

4. Supprimez les lignes et indications superflues, puis fignolez les détails. Posez une ombre légère sous le samouraï.

5. Ajoutez la touche finale. Indiquez les ombres par des trames.

Samouraïs en action

De la première esquisse à l'encrage

Mouvements de sabre

Pour dessiner un mouvement de face, l'un des secrets consiste à introduire la perspective au niveau des hanches et des pieds.

1. Placez les grandes lignes de la silhouette.

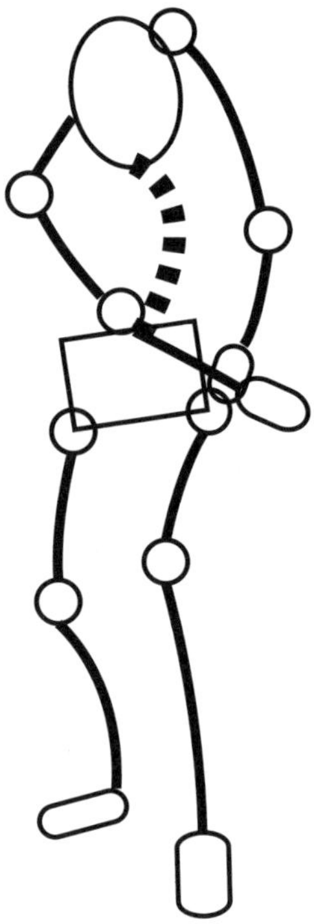

2. Esquissez rapidement le mouvement du corps.

De l'esquisse à l'encrage.

3. Ajoutez les détails et donnez de l'expression au personnage.

Samouraïs en action

De la première esquisse à l'encrage

Mouvements de sabre

Faites attention à synchroniser les mouvements des vêtements avec ceux du sabre, et veillez à ce que le regard du samouraï reste fixe.

4. Repassez le dessin à l'encre, laissez sécher puis gommez les traits superflus.

5. Achevez le dessin.

Encrez les sourcils et les cheveux, ajoutez les motifs des tissus et les ombres sur le corps.

Samouraïs en action

De la première esquisse à l'encrage

Samouraï blessé

Touché dans le dos, surpris, le personnage s'immobilise. Optez pour un angle le représentant légèrement de trois-quarts.

1. Grandes lignes.

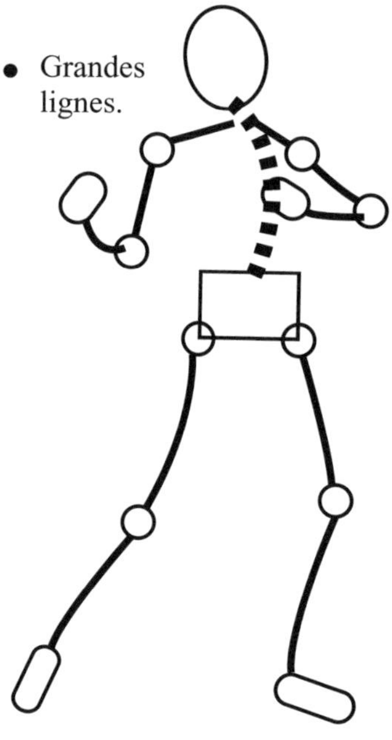

2. Esquisse de la silhouette.

3. Croquis rapide.

Montrez le point d'impact.

Samouraïs en action

De la première esquisse à l'encrage

Samouraï blessé

4. Complétez le croquis.

5. Dessin achevé.

Finalisez le dessin en ajoutant les finitions, le motif des vêtements et les ombres sur le corps.

Samouraïs en action

Quelques postures

Prêt à l'action

Ici nous travaillons la pose du samouraï prêt à l'attaque. Cette position permet d'abattre rapidement le sabre sur l'ennemi.

Quelques postures

Sur la défensive

Le sabre est au-dessus
de la tête.

Ici le samouraï tient
son sabre de manière
à asséner rapidement
un second coup,
si nécessaire.

Samouraïs en action

Quelques postures

Combat avec deux sabres

En principe, le samouraï porte deux sabres : le *daito*, ou long sabre et le *shoto*, ou sabre court. On appelle cette paire le *daisho* ; les deux sabres sont le *katana* et le *wakizachi*. Certains samouraïs se servent des deux sabres en même temps. Les sabres sont souvent très lourds, une grande force physique est donc nécessaire pour ce type de combat.

Vue de dos.

Samouraïs en action
Quelques postures

Détails de la poignée du sabre

Le sabre tenu à deux mains.

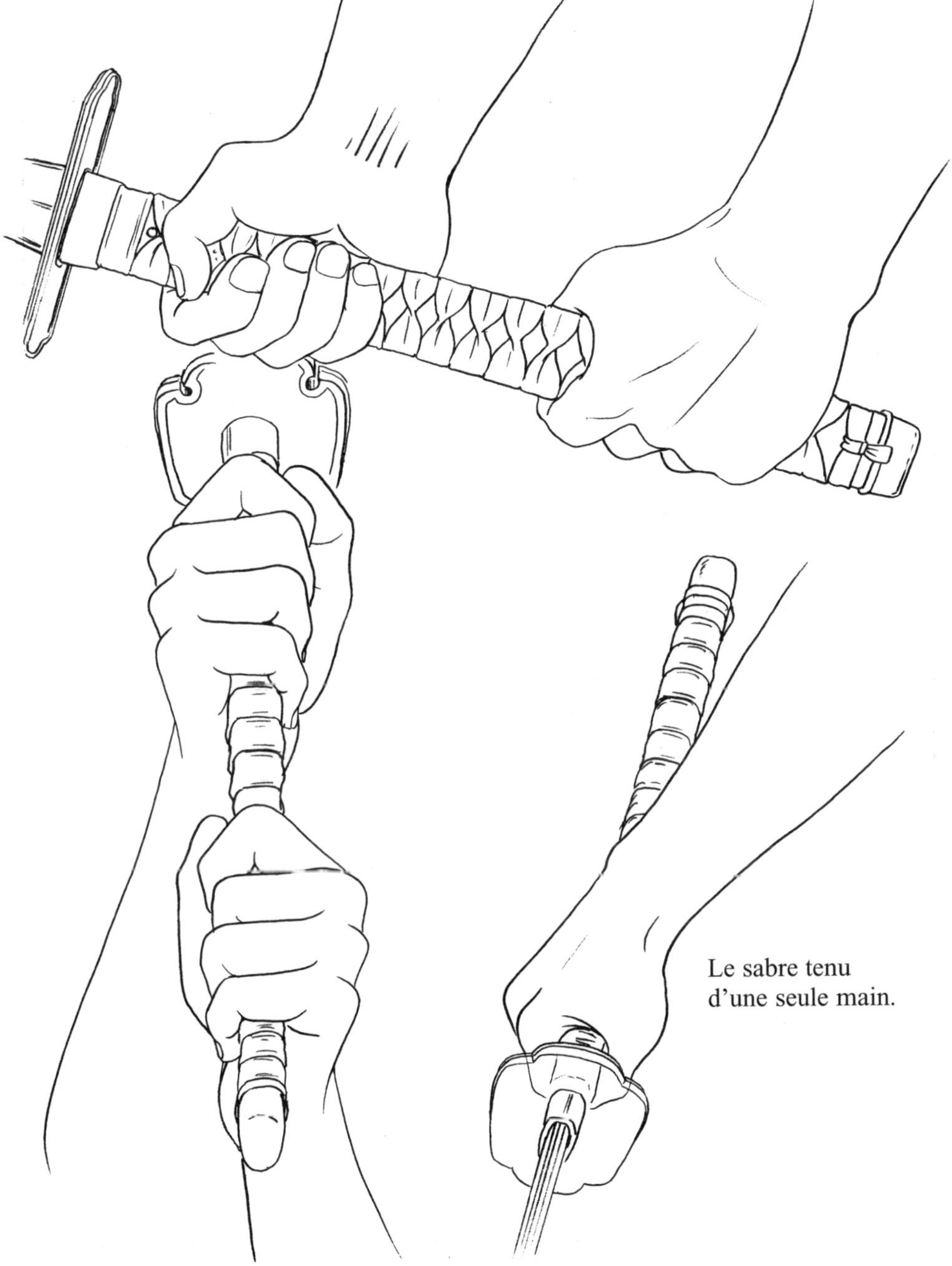

Le sabre tenu d'une seule main.

Samouraïs en action

Quelques postures

Le repas

Ici, le samouraï prend son repas à l'extérieur. Remarquez sa pose détendue et son expression reposée. Il a emporté des boulettes de riz dans son sac et les mange avec les doigts.

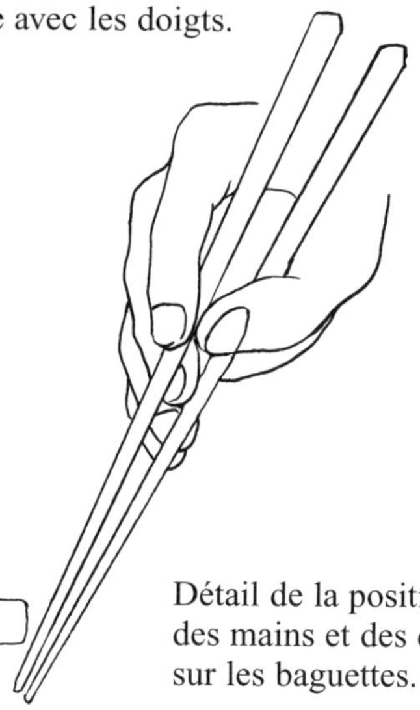

Détail de la position des mains et des doigts sur les baguettes.

Détail de la position des mains et des doigts sur les baguettes.

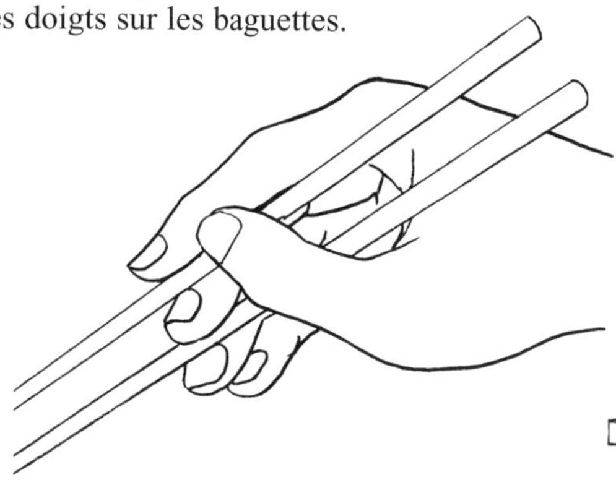

Samouraï prenant son repas à l'intérieur avec des baguettes. Il est assis de manière traditionnelle, probablement en présence d'autres convives.

Samouraïs en action

Quelques postures

Le *sake* (alcool de riz)

Ici, le samouraï tient la bouteille (*tokkuri*) d'une main et boit le *sake* d'un trait.

La petite tasse représentée ici s'appelle le *yunomi*. Elle est traditionnellement utilisée pour boire le *sake*.

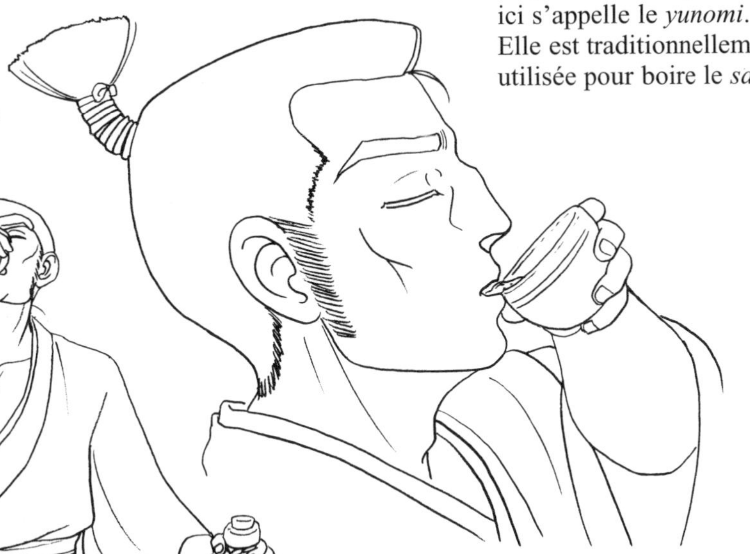

La tasse utilisée ici s'appelle le *sakazuki*. Elle est plus raffinée.

Samouraïs en action

Quelques postures

Le samouraï endormi

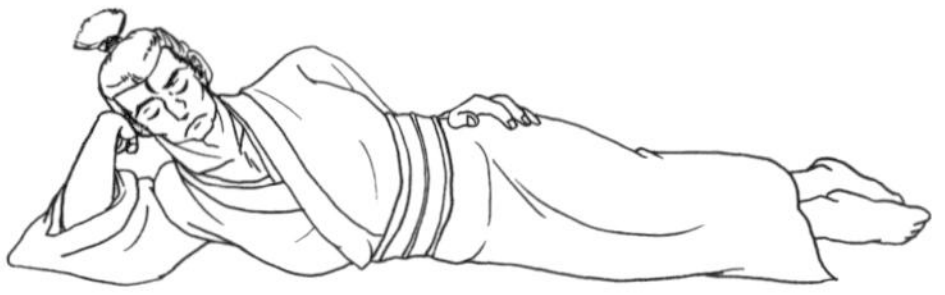

Voici deux formes traditionnelles de repose-tête. S'il l'utilise de temps en temps, le samouraï roule le plus souvent ses vêtements sous sa tête, tout simplement.

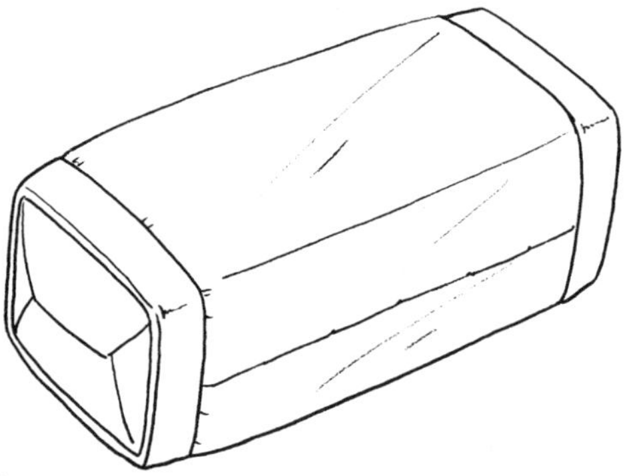

Samouraïs en action

Quelques postures

À cheval

Dans un manga, un samouraï sans son cheval n'est pas vraiment un samouraï. Observez ces images pour travailler les proportions entre l'homme et l'animal et les perspectives. Les chevaux d'aujourd'hui sont plus petits que les chevaux d'autrefois.

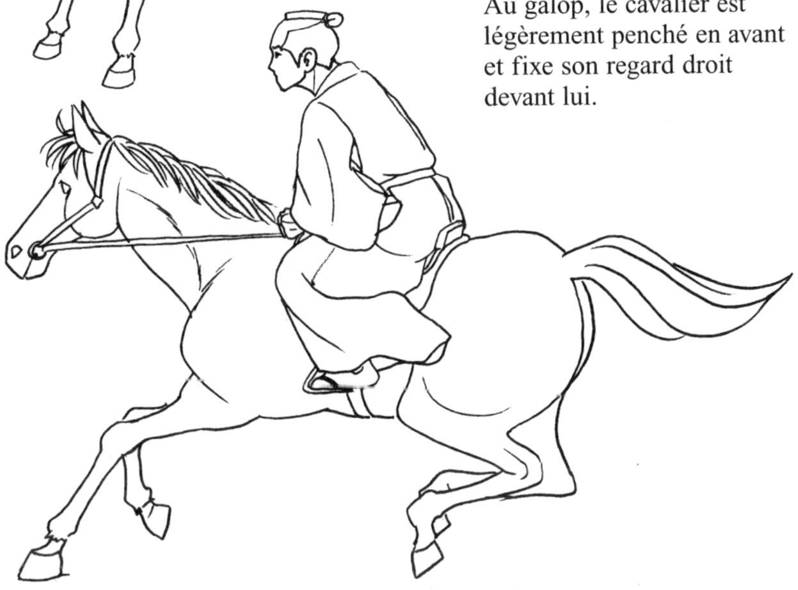

Au galop, le cavalier est légèrement penché en avant et fixe son regard droit devant lui.

Soyez attentif aux différences entre le cheval au galop et au pas. Attention à la position du cavalier, qui varie suivant l'allure du cheval.

Au trot, le cavalier est plus détendu et ne porte plus son regard droit devant lui.

Samouraïs en action
Quelques postures

Dans le feu du combat, les deux samouraïs s'affrontent du regard et leurs sabres s'entrechoquent.

Autre scène de combat. Ici, l'un des samouraïs est sur la défensive.

Samouraïs en action

Quelques postures

Coups et blessures

Blessure.

Ici, l'action est représentée sous l'angle de vue de l'adversaire. Notez que les lignes symbolisant le mouvement du sabre et celles autour des pieds donnent du dynamisme.

La taille excessive du sabre et les lignes courbes dégagent une impression de puissance.

Samouraï touché par un sabre.

Coups et blessures

Blessure.

Ici, l'importance des lignes courbes accentue la rapidité du mouvement du sabre retournant au fourreau après avoir blessé l'adversaire.

Le samouraï à gauche porte autour du poignet un katana-uke en cuir et en fer. Dans les combats au corps-à-corps, comme ici, il sert à contrer les coups de sabre de l'adversaire.

Samouraï touché par un sabre.

Samouraïs en action

Expressions du visage

Rire franc.

Colère.

Surprise.

Samouraïs en action

Expressions du visage

Sourire satisfait.

Prudence.

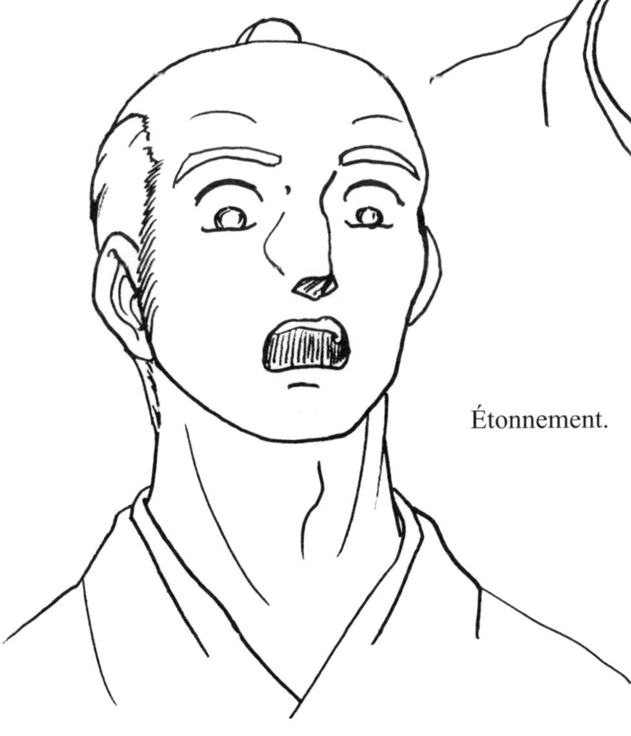

Étonnement.

Samouraïs en action
Pause thé !

Pause thé !

Faites une pause, laissez vos mains se détendre un peu ! Aujourd'hui, quand les Japonais entendent le mot samouraï, ils l'associent immédiatement aux fresques historiques télévisées. Cependant, de moins en moins de programmes présentent ce type de spectacles à cause de leur coût exorbitant. Comparés aux téléfilms courants, les films de samouraïs sont excessivement onéreux, en raison des frais engendrés par les lieux de tournage et le prix des costumes. Même si le public est friand de ces programmes, ils sont de moins en moins diffusés. De la même façon que les westerns américains des années 1950 et 1960 (comme *Bonanza* et *Rawhide*) ont disparu, les séries télé de samouraïs ont vécu leurs beaux jours. Mais, grâce à l'intérêt croissant pour les samouraïs et l'engouement pour le Japon en général, nous assisterons sûrement au retour de ces fresques, aussi bien sur le grand écran qu'à la télévision.

動

Chapitre 4
Ninjas en action

Ninjas en action

De la première esquisse à l'encrage

La course

1. Commencez par ébaucher les grandes lignes du corps à l'aide de traits et de cercles, sans vous soucier des détails.

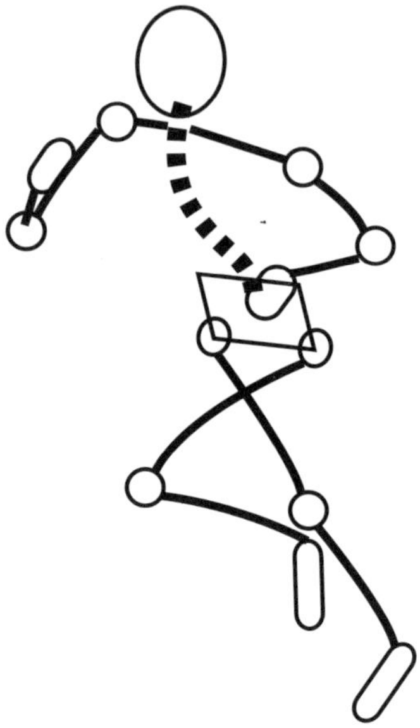

2. Donnez du corps et esquissez la silhouette. À ce stade, expérimentez plusieurs styles de dessin et qualités de trait.

3. Dès que la forme est donnée, ajoutez les détails, comme les vêtements et l'expression du visage.

Ninjas en action
De la première esquisse à l'encrage

La course

4. Gommez les lignes superflues et les traits de construction de façon à obtenir un dessin propre.

5. Ajoutez les détails et les ombres.

6. Complétez par les motifs des vêtements, rehaussez certains traits à l'encre blanche pour donner du volume.

Ninjas en action

De la première esquisse à l'encrage

Le saut

1. Ébauchez les grandes lignes à l'aide de traits et de cercles.

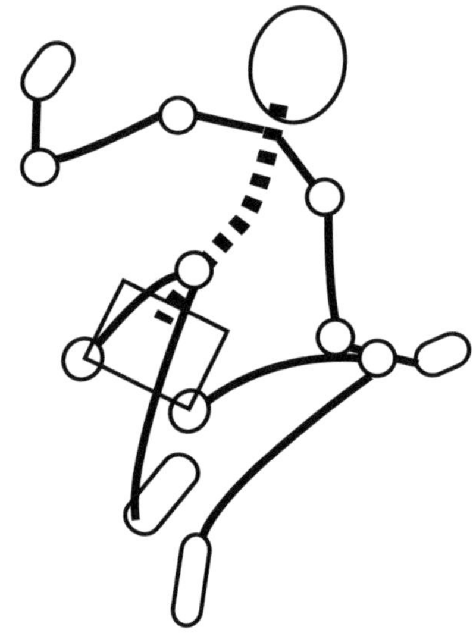

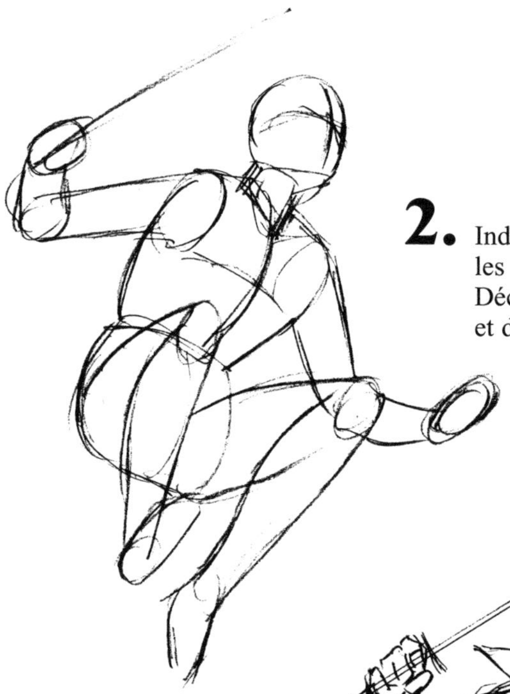

2. Indiquez par des formes simples les éléments principaux du corps. Décidez de la ligne des yeux et de la posture générale.

3. Ajoutez grossièrement les détails.

Ninjas en action

De la première esquisse à l'encrage

Le saut

4. Supprimez les lignes superflues et affinez le dessin.

5. Encrez et ajoutez les ombres.

6. Posez les trames pour les ombres et ajoutez les rehauts de lumière à la gouache blanche.

Ninjas en action

Quelques postures

Les disparitions

As du camouflage et férus de prestidigitation, les ninjas possédaient de multiples techniques pour échapper à leurs ennemis.

Réaliste.

Avec une cartouche de fumée dissimulée dans les vêtements.

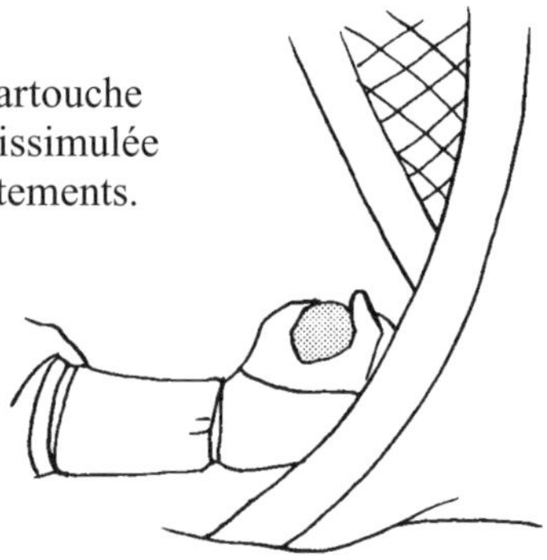

Jetée à terre, la cartouche explose.

Magique.

En jetant un sort.

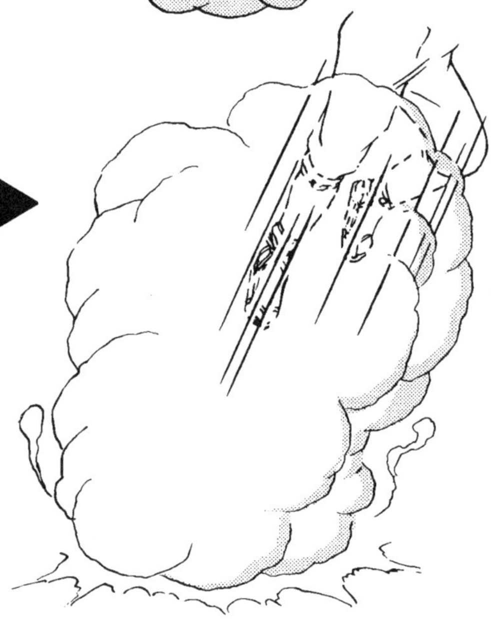

Disparition dans un nuage de fumée.

Ninjas en action

Quelques postures

Lancer les *shuriken*

Ces armes métalliques, en forme d'étoile tranchante ou de petit poignard, faisaient partie de l'équipement spécifique des ninjas.

1. La main avec le *shuriken* se tient haut, au-dessus de la tête.

En position.

2. Le bras s'abaisse en lançant le *shuriken*. À la fin de l'action, il reste en position horizontale.

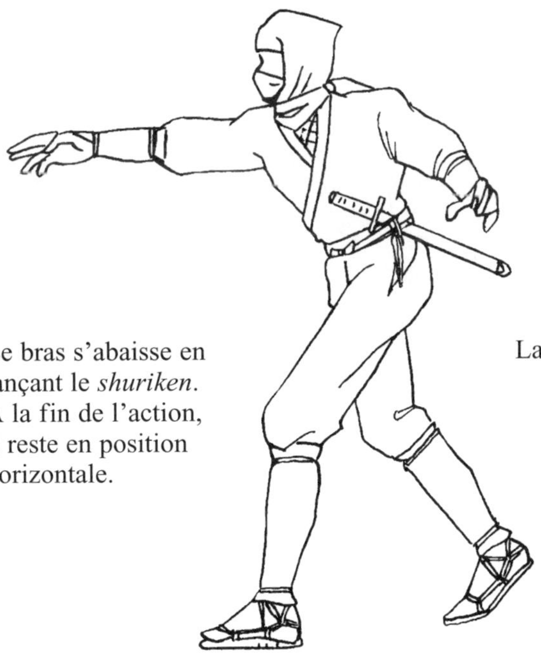

Lancer.

Ninjas en action

Quelques postures

Lancer les *shuriken*

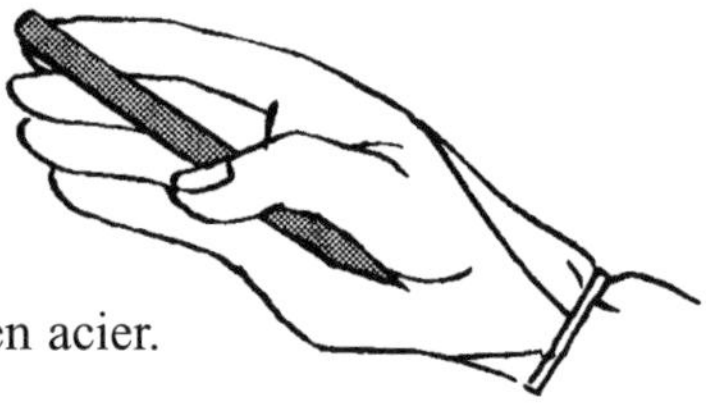

Pointe en acier.

Étoile à quatre pointes.

Les *shuriken* se sont fichés dans le mur, ratant de peu le personnage.

Ninjas en action
Quelques postures

Utilisation du *kusarigama* (faux et chaîne)

(voir p. 101 pour les détails)

Menace de l'adversaire à l'aide d'une chaîne avec un boulet.

Utilisation d'une chaîne pour attaquer.

Défense contre une attaque au sabre à l'aide d'une chaîne.

Ninjas en action

Quelques postures

Utilisation du *kamanunchaku* (faux du style *nunchaku*)

Nichogama.
(Deux faux indépendantes.)

Ninjas en action

Quelques postures

Le sabre

Le *ninjato*, ou sabre de ninja, possède une lame droite.

Le *daito*, ou sabre long, possède une lame courbe.

Ninjas en action

Quelques postures

Le sabre

Ninjas en action

Quelques postures

Makibishi (pointes de métal)

En fuyant devant l'ennemi, le ninja peut semer des pointes de métal (voir p. 101) derrière lui, extrêmement douloureuses pour qui marche dessus, au point d'arrêter l'ennemi dans sa course. James Bond utilise la même tactique dans *Goldfinger*, quand sa voiture lâche de l'huile sur la chaussée, provoquant ainsi la collision de ses poursuivants.

Ninja semant des *makibishi* (pointes de métal) en fuyant ses ennemis.

Autrefois, les *makibishi* étaient réalisés à partir des fruits séchés et durs d'une plante aquatique proche du chardon. Ils peuvent être aussi en fer ou en bambou.

Ninjas en action

Quelques postures

À cheval

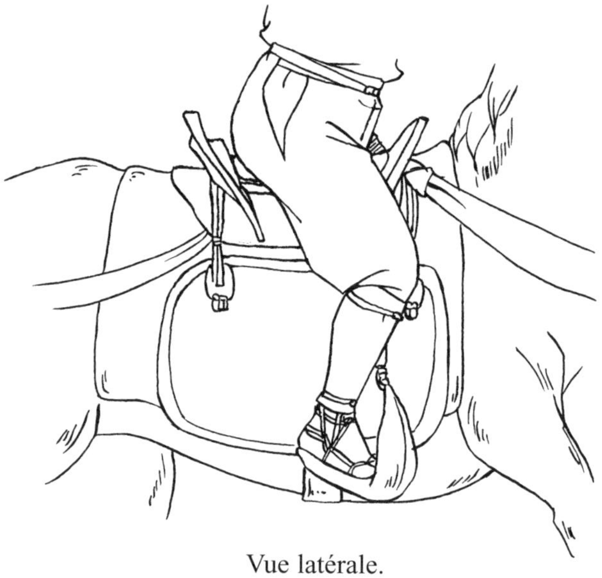

Vue latérale.

Utilisez ces dessins en association avec ceux de la p. 67.
Notez que les selles peuvent avoir des tailles et des formes variées.

Ninjas en action

Quelques postures

Combat au sabre

Ninjas en action

Quelques postures

Combat au sabre

Expressions du visage

Comme les samouraïs, les ninjas n'ont pas de stéréotype physique. Servez-vous des visages de cette page comme d'une base pour créer un ninja à l'allure moderne.

Ninjas en action

Expressions du visage

Les *kunoichi* – femmes ninjas

Les femmes ninjas s'appellent les *kunoichi*. Elles sont expertes dans l'art du déguisement et peuvent se fondre dans la population, apparaissant et disparaissant à loisir.

Incrédulité.

Sourire satisfait.

Que dis-tu ?

Regard fixe.

Ninjas en action

Expressions du visage

Les kunoichi – femmes ninjas

Sensualité.

Sourire malveillant.

Au bord des larmes.

En colère.

Le corps du samouraï

Les samouraïs, bien que légendaires, étaient somme toute des êtres humains et leur corps était semblable à celui de n'importe quel homme moderne. Ils étaient souples et en général minces : on peut penser qu'ils étaient de bonne constitution et athlétiques.

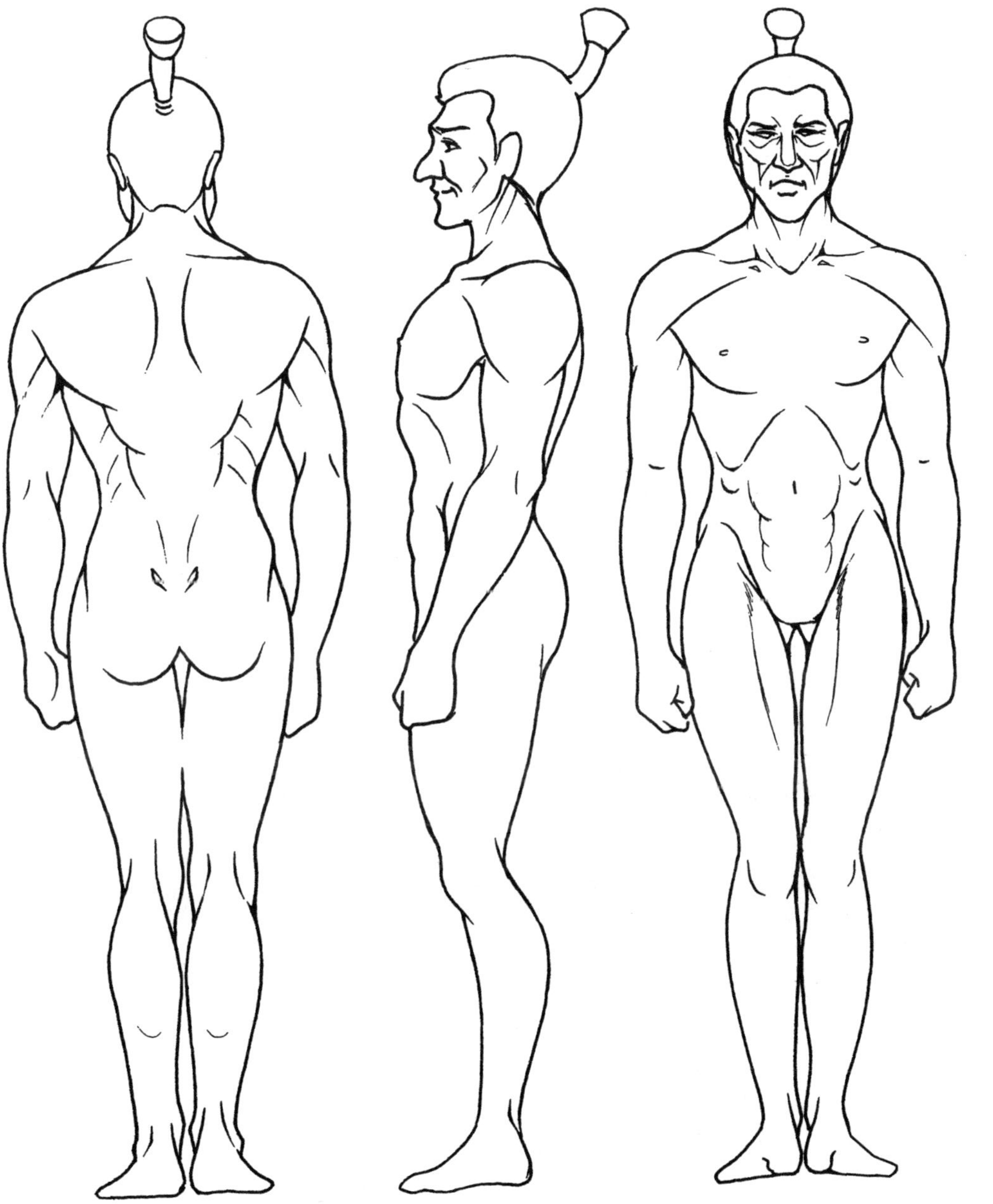

Ninjas en action

Analyse de l'action

Le corps du samouraï

Il est impossible de dessiner un corps humain sans penser au squelette qui le constitue. Cependant, dessiner un squelette est difficile et peu utile pour esquisser une silhouette. Ici, pour rappeler sa composition, nous en donnons une version très simplifiée, qui peut être utile pour donner du corps au personnage.

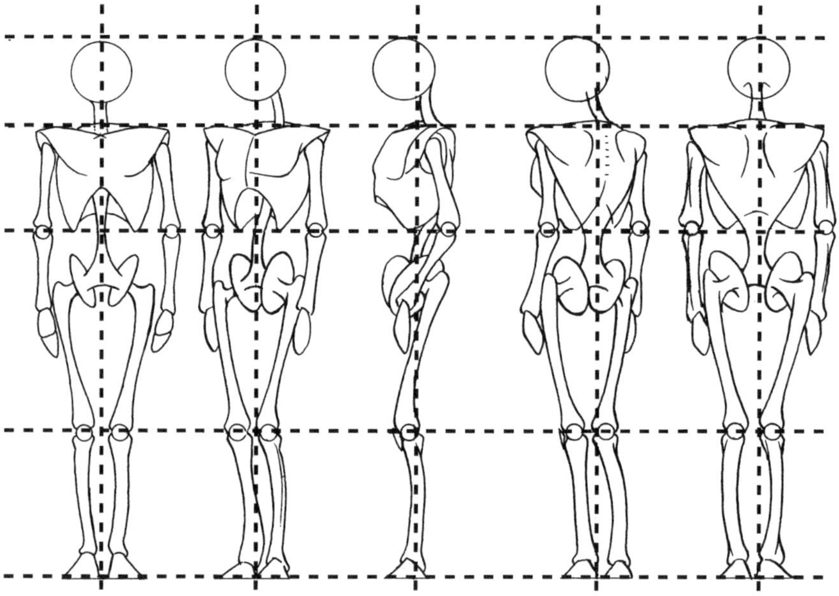

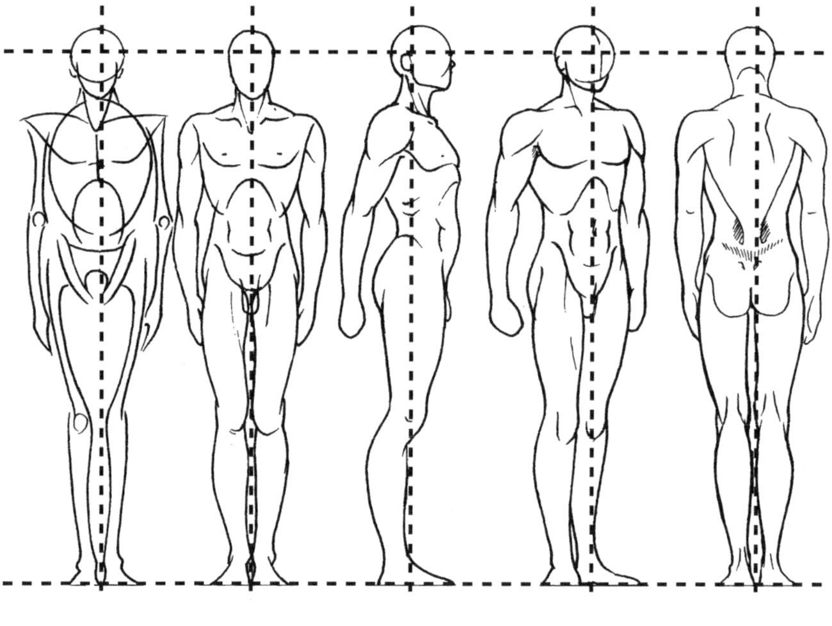

Ninjas en action

Analyse de l'action

Le corps du samouraï

Dessinez le squelette, les articulations et la silhouette.

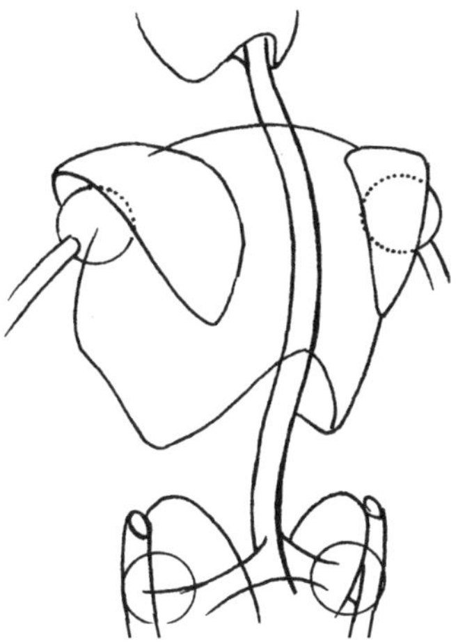

Vue de dos, en biais.

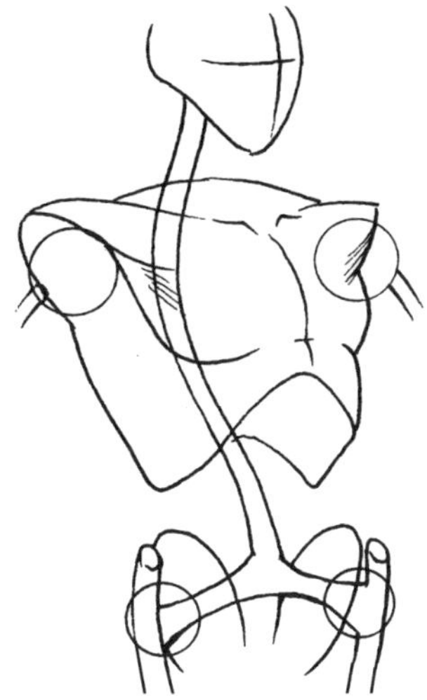

Vue de face, en biais.

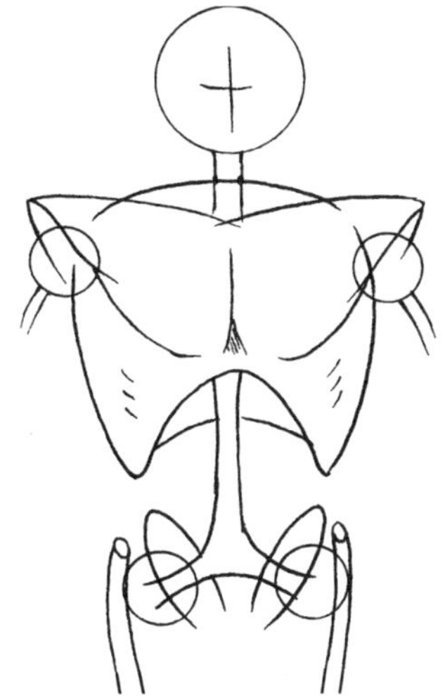

Vue de face.

Court.

Touché par un sabre.

Pousse un cri.

Dégaine en courant.

Abat son sabre.

Saisit son sabre.

Le corps percé de flèches.

Blessé et à terre.

Pause thé !

Faisons une nouvelle pause. Peut-être aimeriez-vous passer à l'action et devenir un ninja ou un samouraï, ne serait-ce que pour un jour ? C'est impossible, il faudrait penser et vivre comme eux. En revanche, à Nikko, à environ deux heures au nord de Tokyo, et à Kyoto dans le quartier de Uzumasa, il existe des parcs à thème consacrés à l'histoire du Japon. Vous y trouverez non seulement des ninjas et des samouraïs, mais aussi des répliques d'édifices datant de cette époque. Avec un peu de chance, vous pourrez assister au tournage d'un film le jour de votre visite.

Chapitre 5
Armes, effets personnels et arrière-plans

Armes et effets personnels

Le sabre japonais

Vue en détail du sabre japonais.

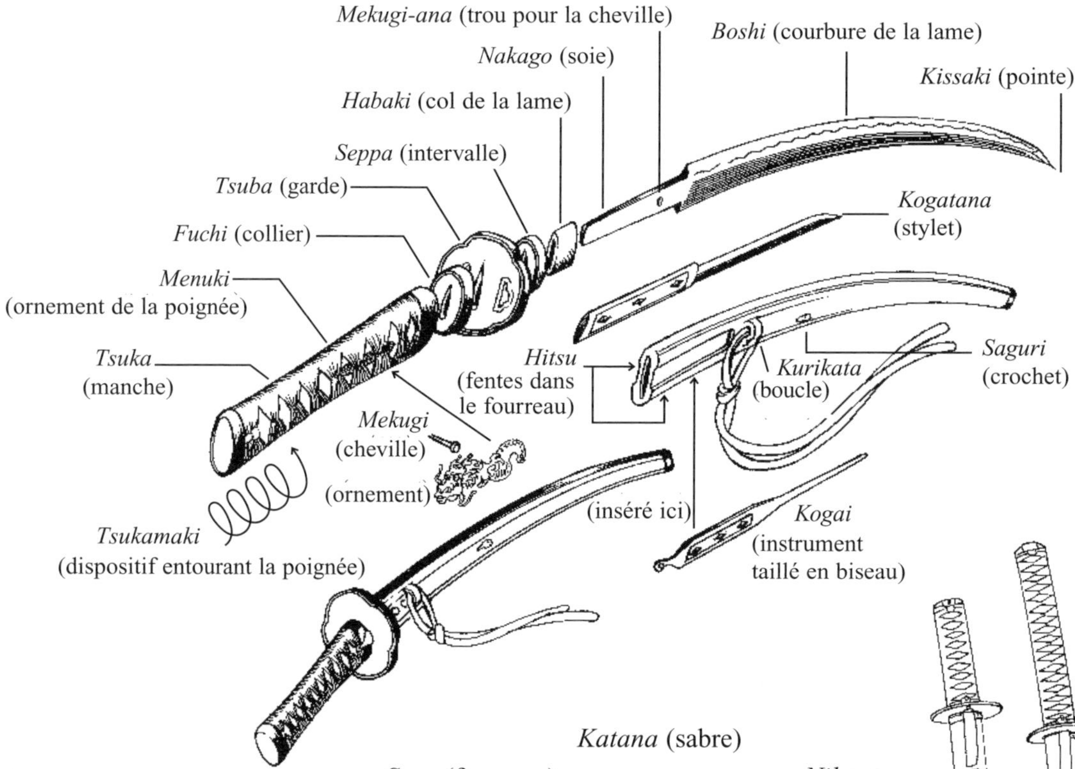

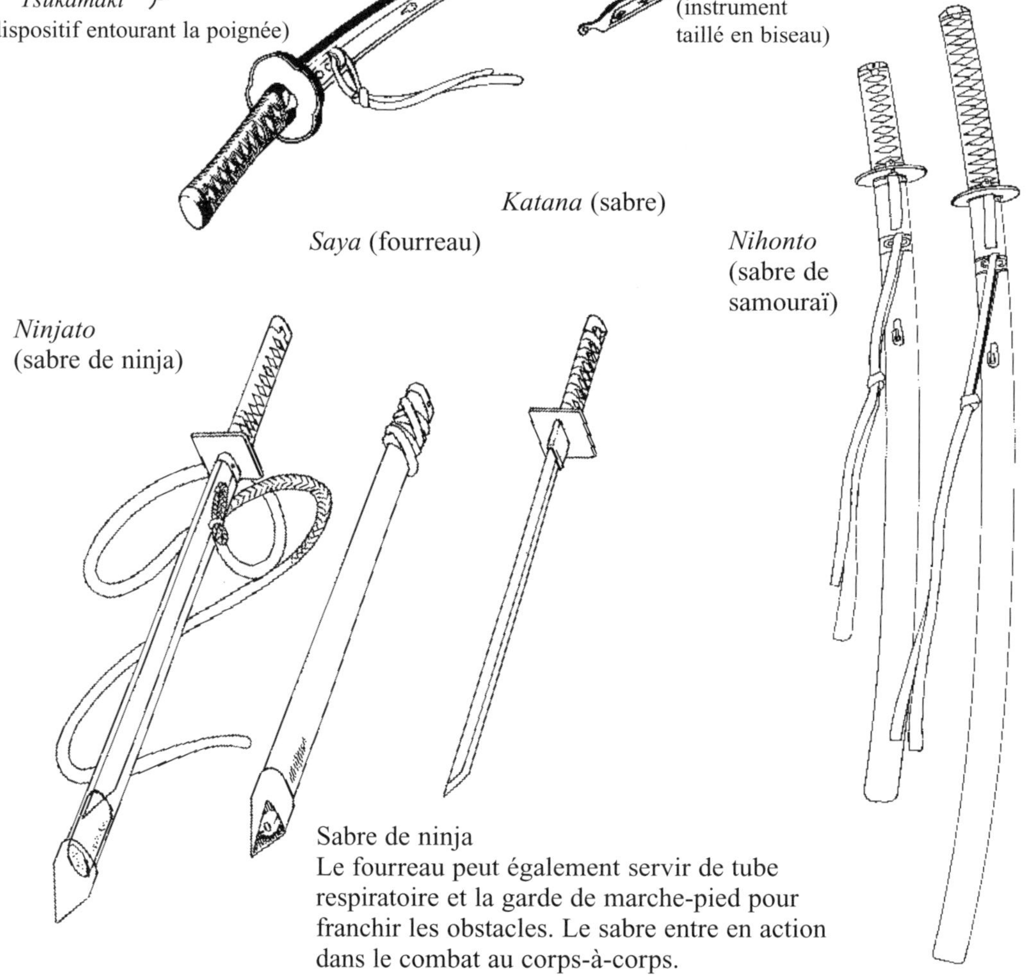

Sabre de ninja
Le fourreau peut également servir de tube respiratoire et la garde de marche-pied pour franchir les obstacles. Le sabre entre en action dans le combat au corps-à-corps.

Armes et effets personnels

Pointes en métal, lance, faux et chaîne

Les *makibishi* (pointes) peuvent être faits de nombreux matériaux, du fer au bois.

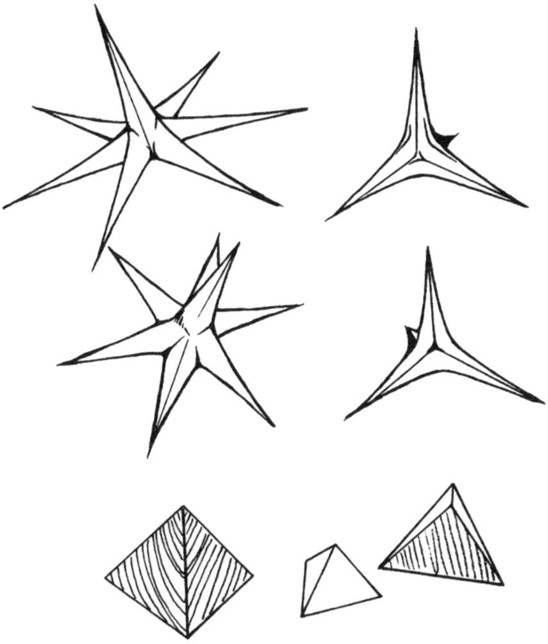

Yari (lance).

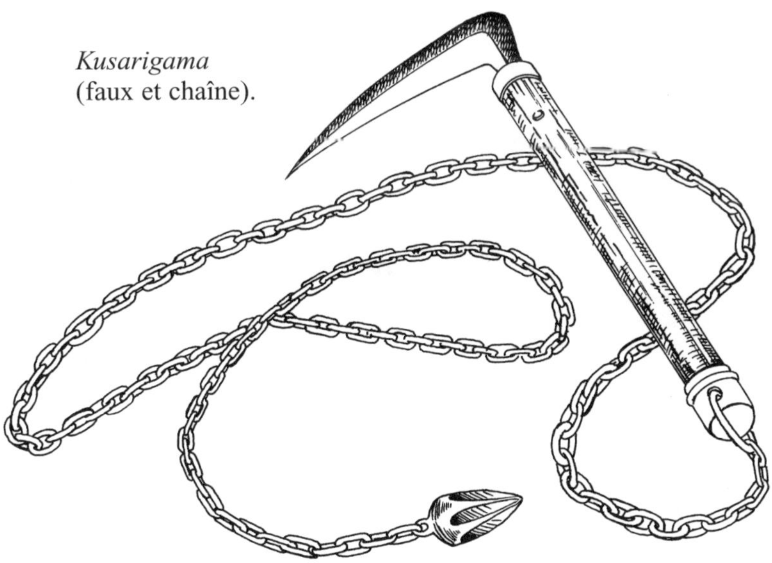

Kusarigama (faux et chaîne).

Armes, effets personnels et arrière-plans

Armes et effets personnels

Shuriken en étoile

Mode de présentation et de projection.

Étoiles à quatre pointes.

Shuriken du type poignard

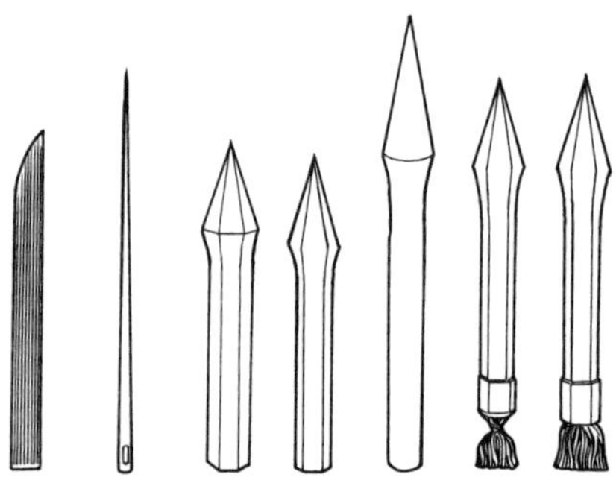

Vers le haut.

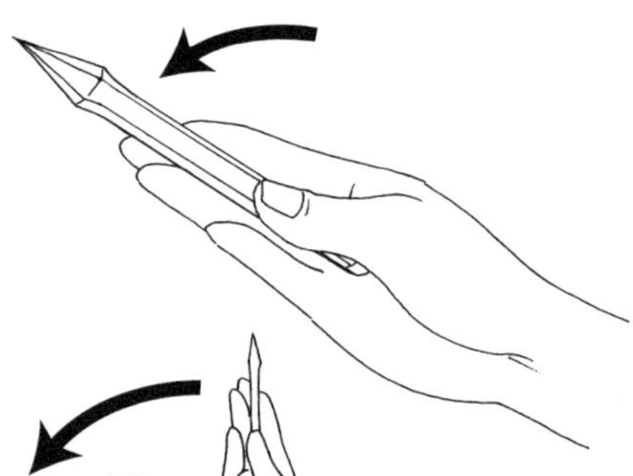

Mode de présentation et de lancement des pointes.

Lancement droit.

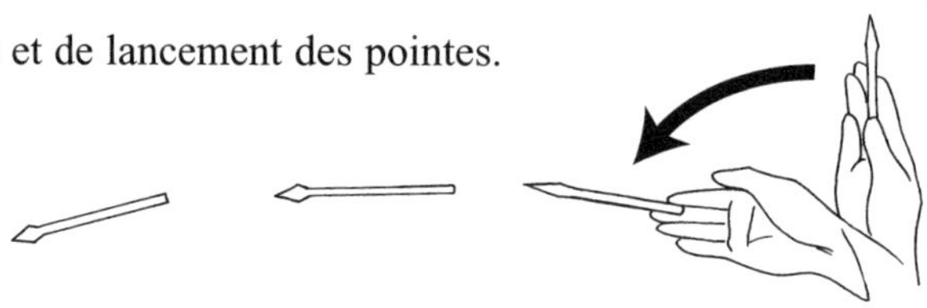

Lancement en vrille.

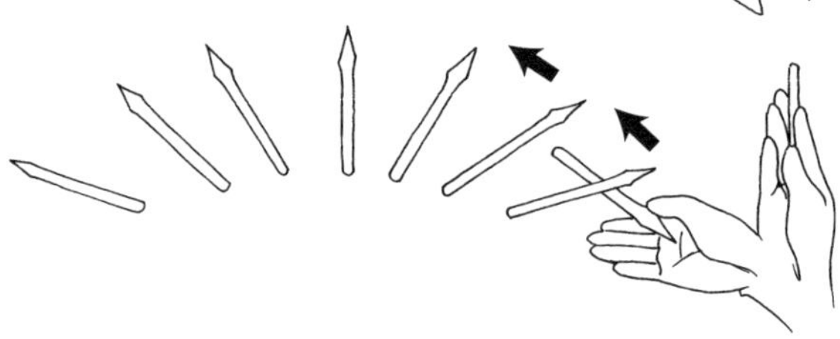

Armes, effets personnels et arrière-plans

Armes et effets personnels

Locomotion aquatique et *kusari bundo* (chaîne à boulet)

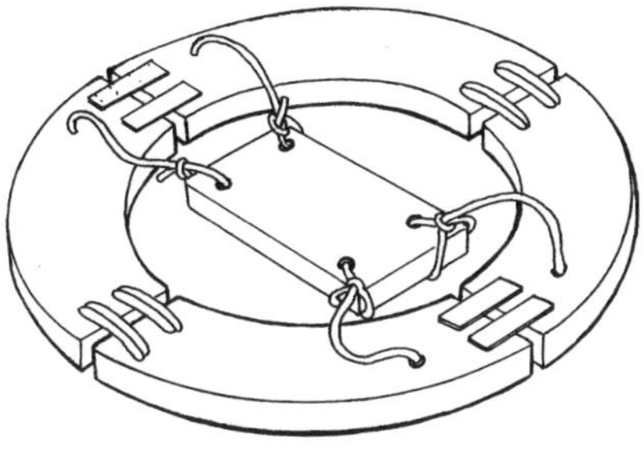

Cercle de bois avec siège central.

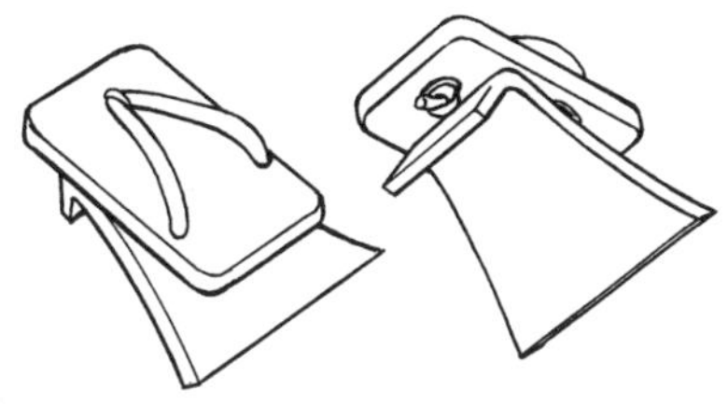

Sandales en bois pour marcher au fond de l'eau.

La rame permet de se tenir en équilibre pendant que les pieds poussent en avant.

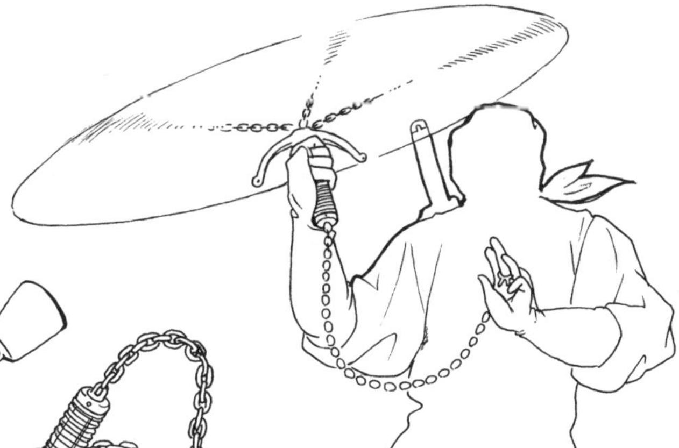

Chaîne à boulet.

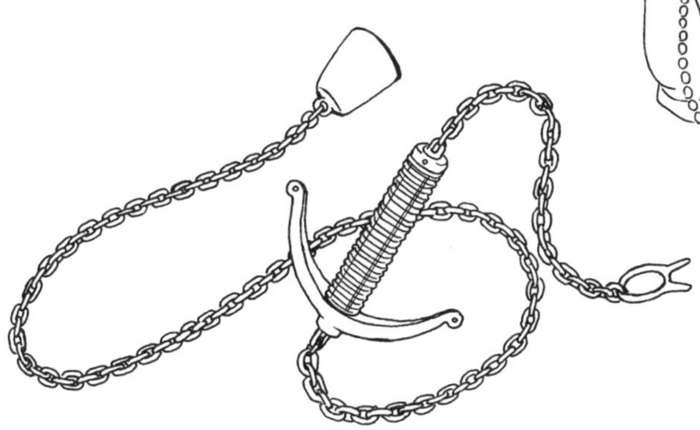

Armes, effets personnels et arrière-plans

Armes et effets personnels

Dessiner un cheval

Les chevaux, ainsi que tous les animaux, sont difficiles à dessiner. Le cheval faisant partie des personnages de cet ouvrage, nous vous proposons quelques bases pour en comprendre l'anatomie. Le corps du cheval peut se décomposer en plusieurs parties.

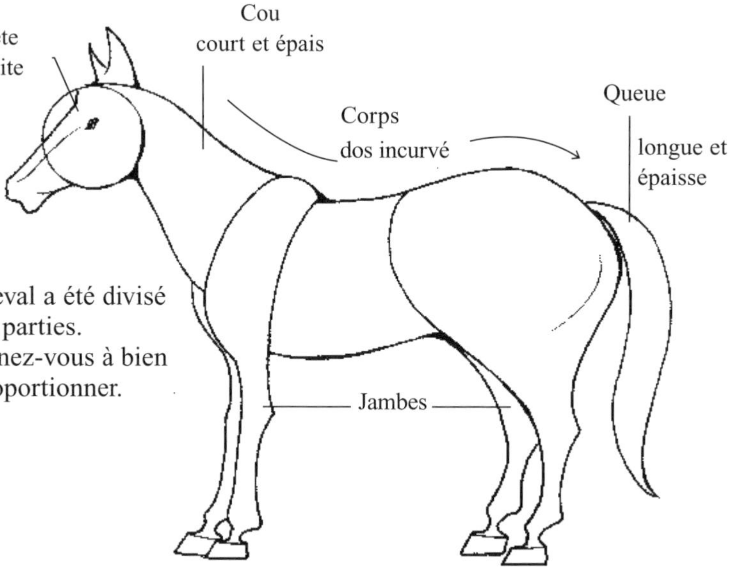

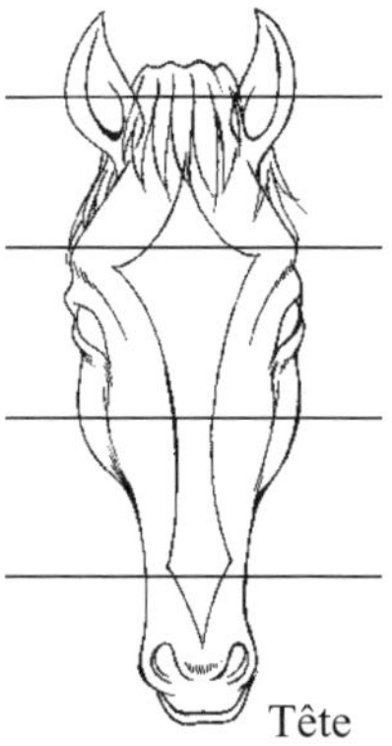

Le cheval a été divisé en six parties. Entraînez-vous à bien les proportionner.

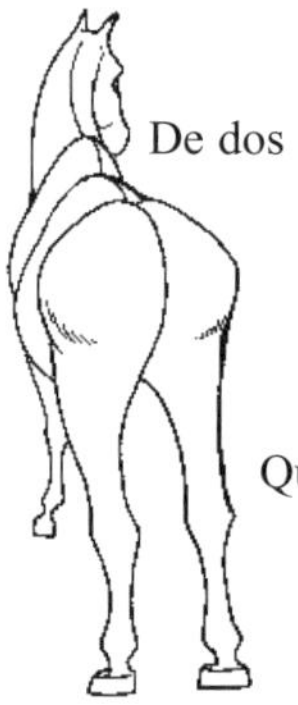

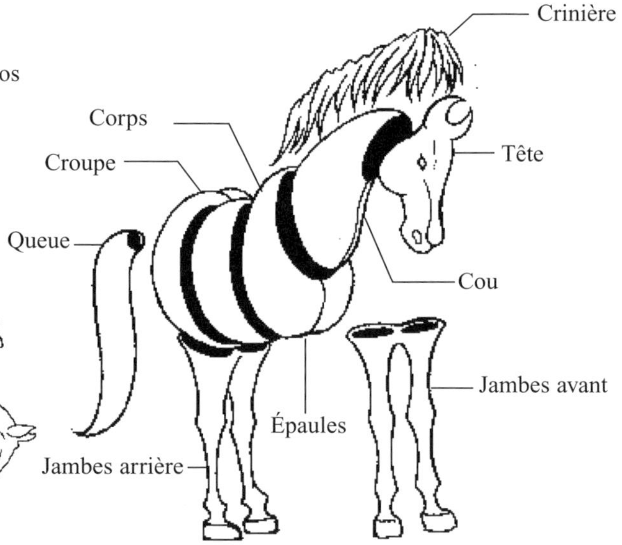

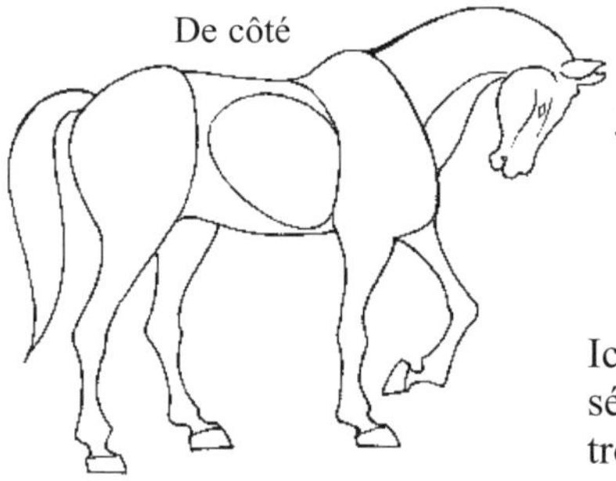

Ici nous avons dessiné chaque partie séparément, ainsi que le cheval vu sous trois angles différents. Utilisez ces bases pour affiner vos talents.

Dessiner un cheval

Ici le cheval est au galop. Lorsque le cheval se déplace, veillez à saisir la bonne position des jambes.

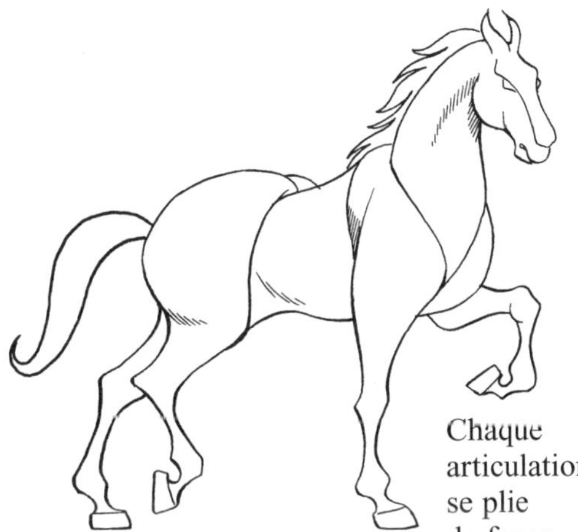

Chaque articulation se plie de façon distincte.

Squelette.

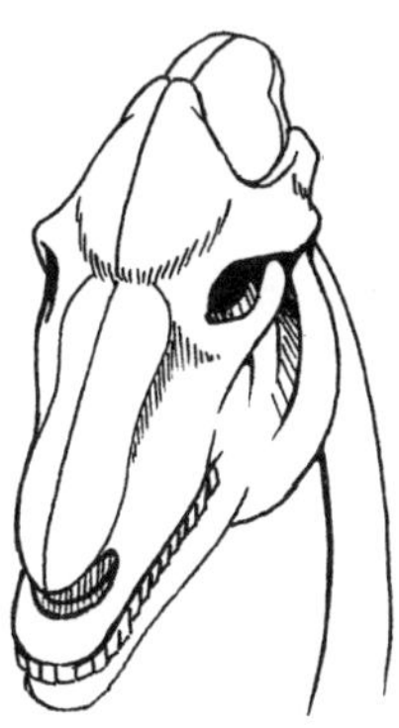

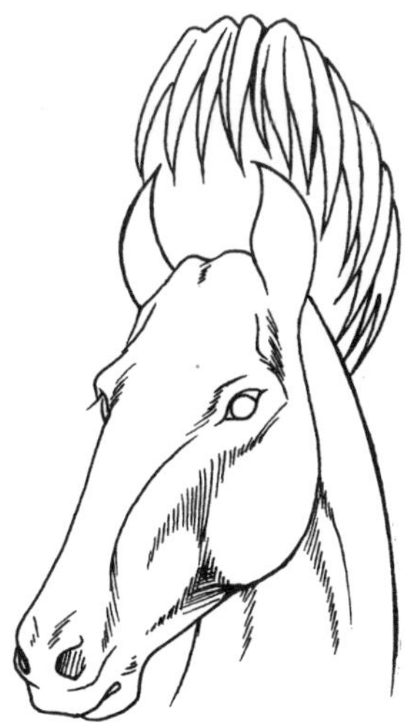

Imaginez la crinière séparément de la tête et dessinez-la sur la tête à la manière d'une perruque.

Armes, effets personnels et arrière-plans

Armes et effets personnels

Harnais Le harnais est composé de plusieurs éléments. Bien qu'apparemment décoratives, les pièces fixées au harnais ci-dessous sont destinées au combat.

Harnais.
Structure de la selle.
Toutes les pièces ci-contre sont assemblées pour former la selle.

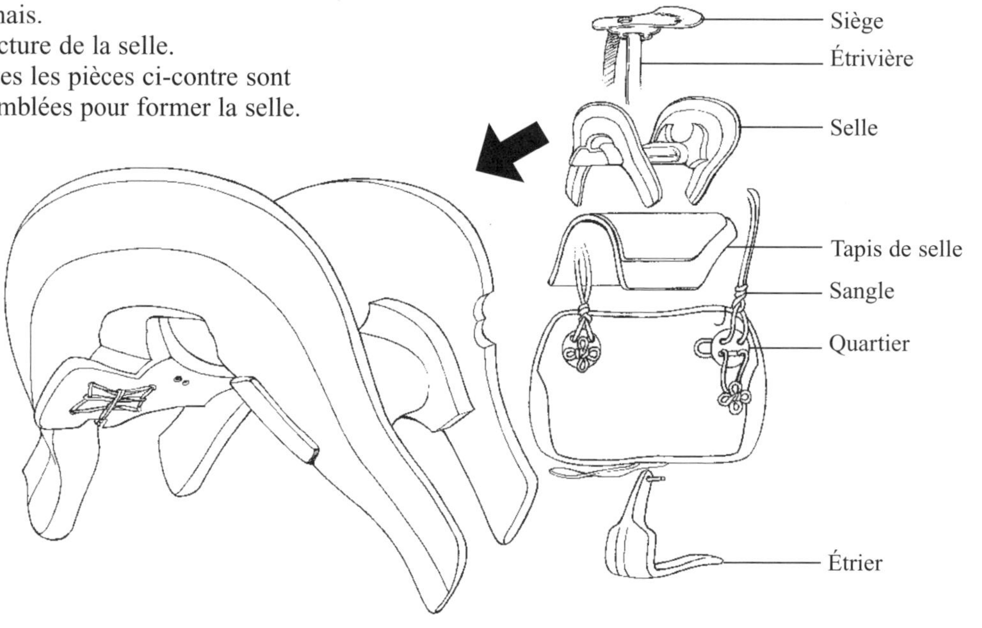

Arrière-plans, résidences de samouraïs, temples, tombeaux

Plan d'une ville de l'époque Edo
Le palais est situé au centre

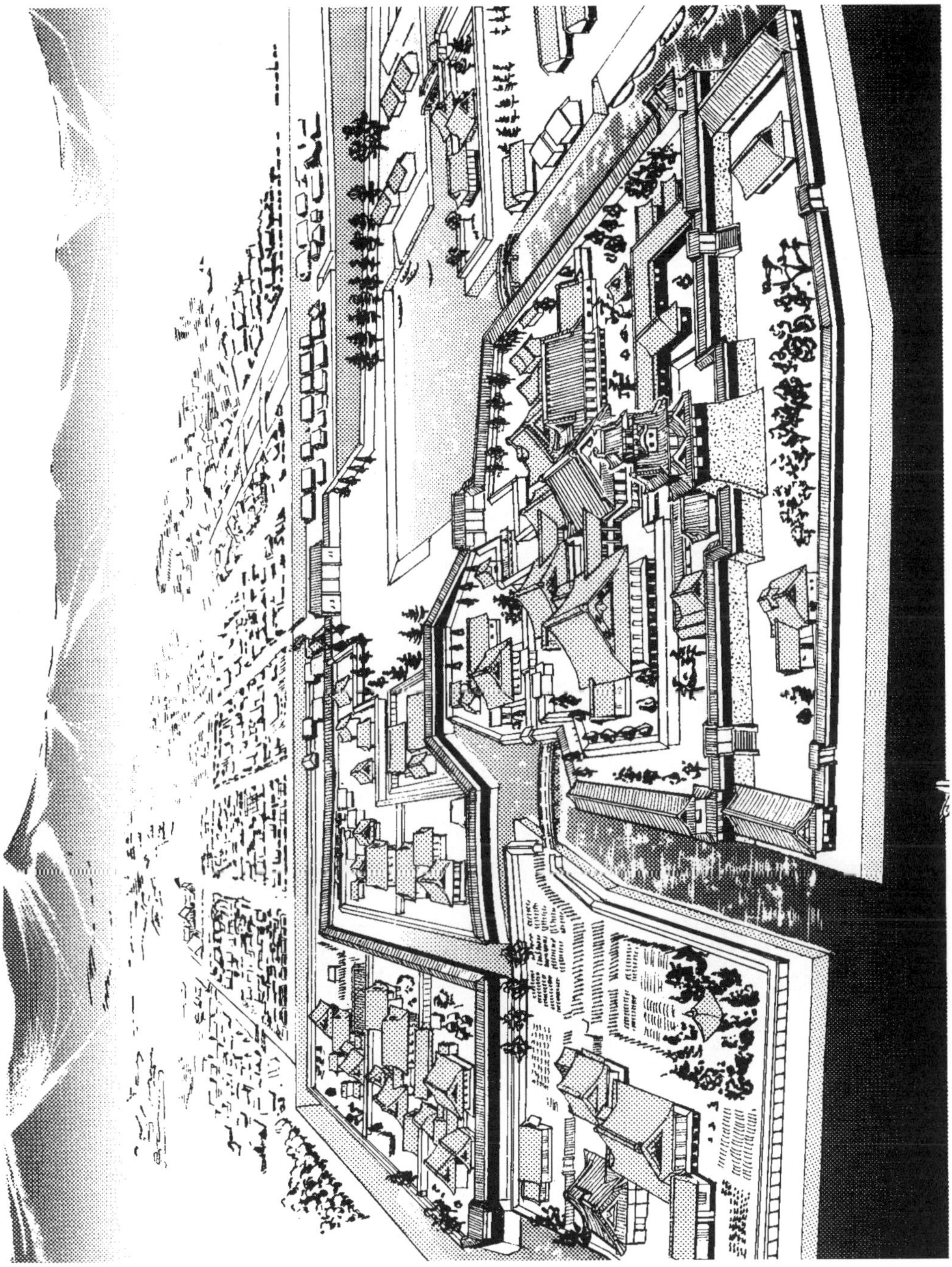

Arrière-plans, résidences de samouraïs, temples, tombeaux

Résidence d'un samouraï.

Maison privée.

Arrière-plans, résidences de samouraïs, temples, tombeaux

Emplacement d'un tombeau

Armes, effets personnels et arrière-plans
Arrière-plans, résidences de samouraïs, temples, tombeaux

Château vu du ciel

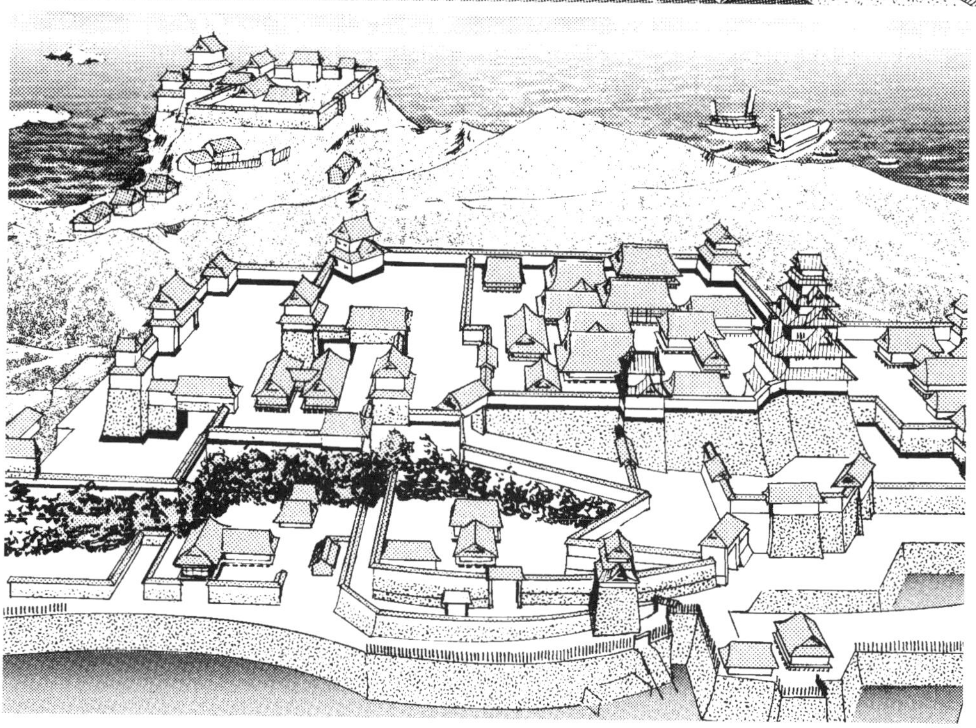

Arrière-plans, résidences de samouraïs, temples, tombeaux

Il existe une grande variété de châteaux japonais, aussi bien du point de vue de la taille que du point de vue architectural. Les deux châteaux que nous présentons ici sont de style traditionnel et de conception classique. Ceux des seigneurs féodaux et les postes militaires étaient deux fois plus vastes, et les forts principaux d'une région l'étaient plus encore. Les défenses des châteaux étaient impressionnantes et les douves étaient destinées à empêcher la progression de l'ennemi.

Château de Fushimi.

Vue du château d'Himeji de face. Au sommet se trouve la tour. La base est composée de pierres de taille variable. Le château d'Himeji est classé au patrimoine mondial de l'UNESCO.

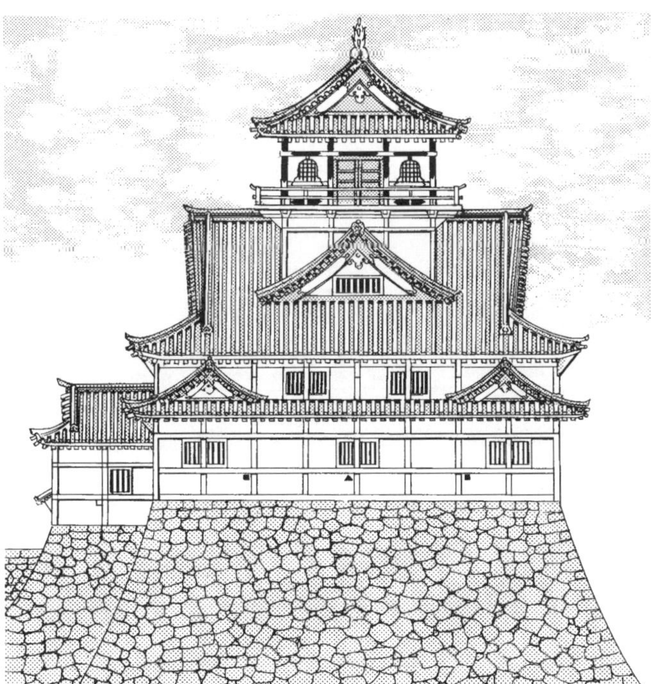

Château d'Himeji.

Arrière-plans, résidences de samouraïs, temples, tombeaux

Château d'Osaka

Le château d'Osaka tel qu'il se présentait sous le règne de Toyotomi Hideyoshi.

Le château d'Osaka est le troisième d'une série qui remonte à Toyotomi Hideyoshi. Ce dernier donna l'ordre d'en construire la première tour et l'on pense que le palais fut achevé en 1585. Il fut détruit par un incendie en 1615, pendant Osaka Natsu-no-Jin (siège d'été du château d'Osaka). Quelques années plus tard, la tour fut reconstruite, en onze ans, par Tokugawa Ieyasu. Elle fut de nouveau incendiée trente-neuf ans plus tard sous le règne du quatrième shogun du shogunat Tokugawa, Tokugawa Ietsuna. Au cours de la restauration Meiji, elle brûla encore et le château d'Osaka resta sans tour jusqu'à la période Showa (1926). En 1928, pour fêter le couronnement de l'empereur Hirohito, la ville décida de reconstruire le château. La tour actuelle est en béton armé.

Le château d'Osaka actuellement.

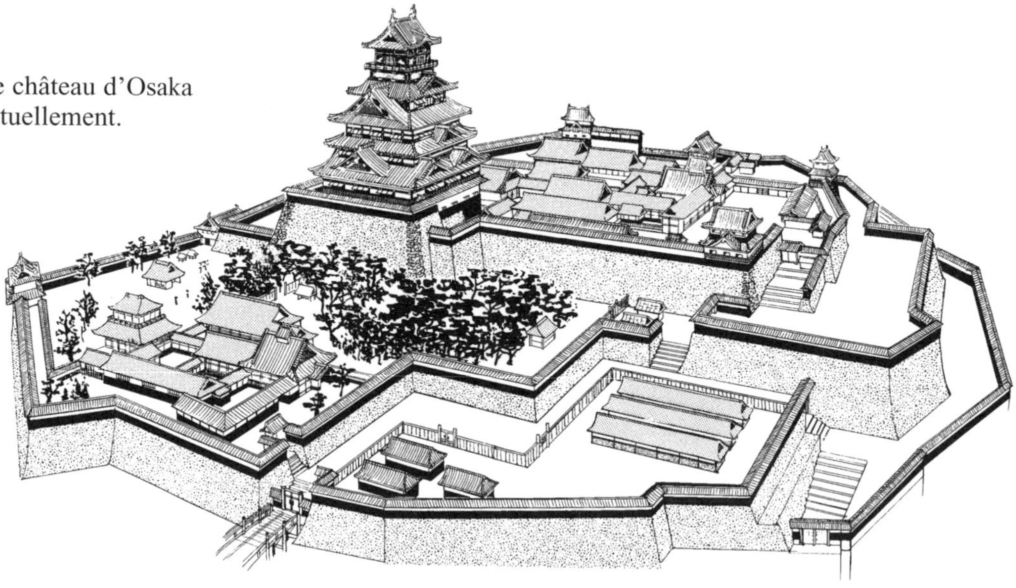

Vêtements de princesse et de gens du peuple

Princesse.

Les filles nées dans les maisons nobles et les résidences des shoguns en exercice portaient le titre de princesse. Cependant, en raison du système héréditaire, les noms de la plupart des grandes familles ont disparu au cours de l'histoire.

De manière générale, les filles de servante nouent leur *obi* de façon simple. On l'appelle *bunko* ou *chocho musubi*.

Fille de marchand portant un tablier.

Armes, effets personnels et arrière-plans
Autres personnages

Doshin – agents de police

Les doshin de la période Edo étaient engagés pour maintenir l'ordre. Armés d'une courte matraque en métal, ils parcouraient la ville, surveillant et arrêtant les contrevenants. Ils étaient sous le commandement du samouraï en charge des affaires criminelles et judiciaires, le *yoriki*.

Doshin – agents de police

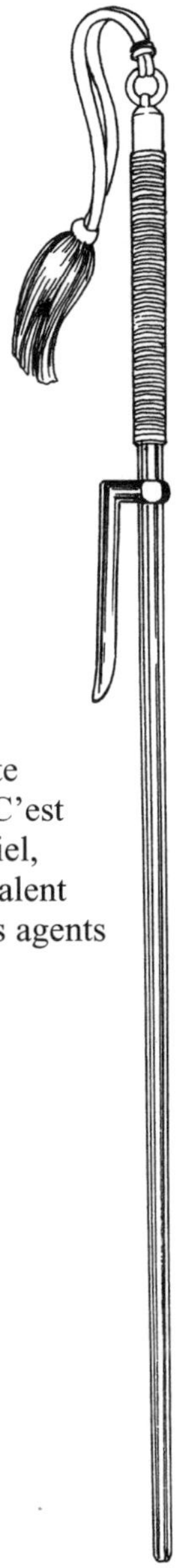

Ce doshin prend un air légèrement suffisant. Sur la poitrine, il porte son emblème familial, de part et d'autre du *haori*.

Le *jitte* est une courte matraque en métal. C'est un accessoire essentiel, qui trouve son équivalent dans la matraque des agents de police actuels.

Chochin : lanterne en papier

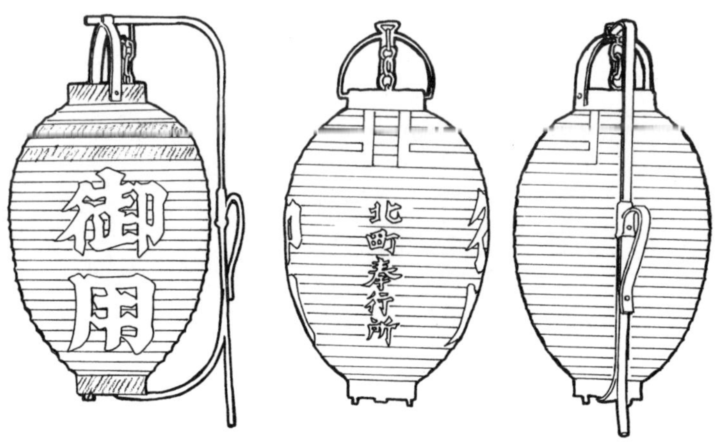

Les *chochin* sont des lanternes en papier portables de la période Edo. Faites de fines lames de bambou et de papier enduit d'huile, on peut les plier en accordéon. À l'intérieur, on place une bougie et une mèche imbibée d'huile que l'on allume.

Autres personnages

Moine et prêtre de la secte *Fuke*

Moine *soryo*.

Soryo est le terme générique désignant les moines bouddhistes hommes.
On appelle les femmes *ama*.

Prêtre *komuso*.

En relation avec le zen, les prêtres de la secte Fuke étaient appelés *komuso*. Ils faisaient vœu de pauvreté et allaient de maison en maison pour jouer du *shakuhachi*, une flûte droite en bambou. Pendant la période Edo, ils se couvraient de profonds paniers en paille appelés *tengai* et portaient des sabres en bois. Ils étaient autorisés à parcourir le pays en menant une vie religieuse itinérante. Mais, au milieu de la période Edo, des criminels se déguisèrent en *komuso* et le shogun fut contraint d'interdire la secte.

Autres personnages

Les voyous

Un des secrets pour donner un air louche à un personnage consiste à lui attribuer de grandes narines, des sourcils épais et des yeux tombants. Des pupilles blanches dans des yeux noirs accentuent ce caractère. Dessinez des personnages aussi réalistes que possible.

Zatoichi : l'aveugle au sabre.

Aveugle et en costume de masseur, ce maître du sabre voyage de village en village. Sa position morale neutre est unique. Sa canne est équipée d'un sabre qu'il fait voler autour de lui avec la rapidité de l'éclair. C'est un personnage de fiction, et le héros de plusieurs films, dont le dernier a été réalisé par Takeshi Kitano.

Les auteurs

L'auteur

Hidefumi Okuma

Diplômé de l'école Gekiga Sonjuku de Koike Kazuo.
Il débuta avec une œuvre sur *Sen no Rikyo*, le plus célèbre des maîtres de thé japonais.
Le savoir-faire et la technique de Hidefumi Okuma en tant qu'assistant professionnel ont été hautement appréciés et, au fil des ans, il a écrit un certain nombre d'ouvrages se concentrant sur les techniques de dessin et les fonds. Actuellement, il travaille sur des feuilletons. Selon ses propres dires : « Je vis au jour le jour, mais je m'en sors ! »

Le co-illustrateur

Hiroshi Tamawashi

Né le 3 juin 1960.
Enseignant à l'International Animation Institute.
Il a formé de nombreux dessinateurs et travaille actuellement pour l'industrie des jeux vidéo.
Il supervise la production de *Data East Corporations*, *Night Slashers*, *Wind Jammers*, *Skull Fang*, *Magical Drop III* et *Outlaws of the Lost Dynasty*.

Daihei Tashiron

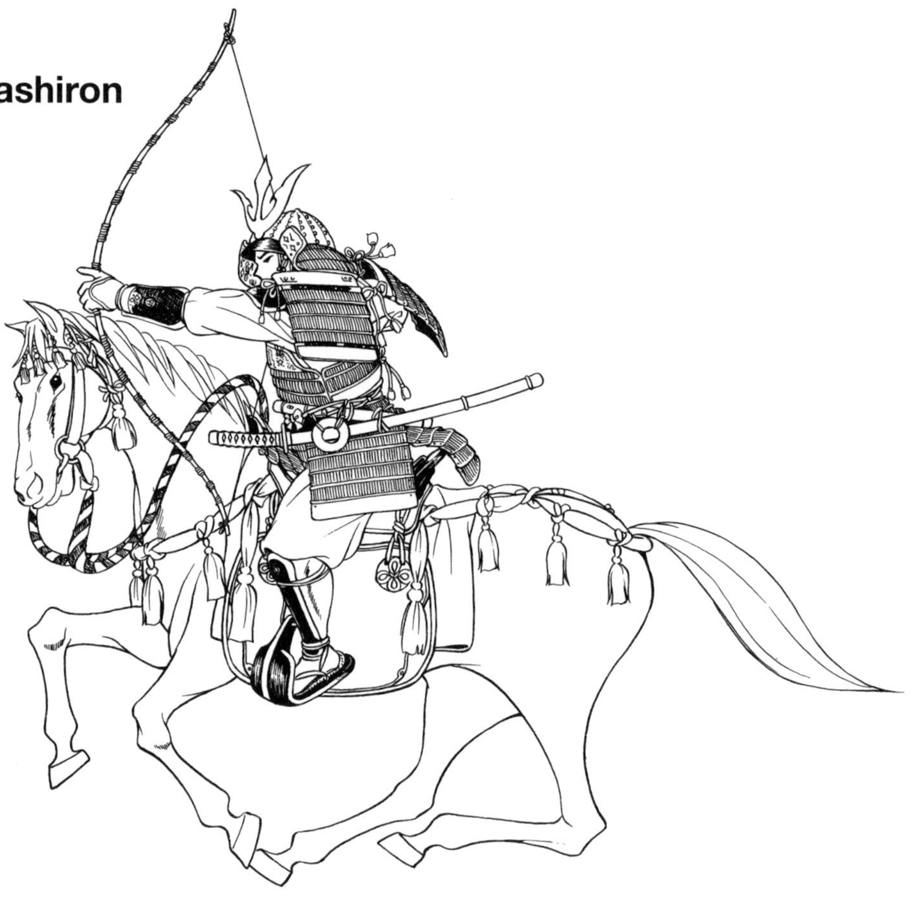

Dans la même collection :

Pour les mordus du dessin de mangas...
Collection Fude Sabaki